1판 1쇄 발행	2021년 4월 1일
글쓴이	백은하
그린이	이현정
편집	이용혁 박재언 이순아
디자인	문지현 오나경
펴낸이	이경민
펴낸곳	㈜동아엠앤비
출판등록	2014년 3월 28일(제25100-2014-000025호)
주소	(03737) 서울특별시 서대문구 충정로 35-17 인촌빌딩 1층
전화	(편집) 02-392-6901 (마케팅) 02-392-6900
팩스	02-392-6902
전자우편	damnb0401@naver.com
SNS	

ISBN 979-11-6363-345-7 (74400)

※ 책 가격은 뒤표지에 있습니다.
※ 잘못된 책은 구입한 곳에서 바꿔 드립니다.
※ 이 책에 실린 사진은 위키피디아, 셔터스톡에서 제공받았습니다.

도서출판 뭉치는 ㈜동아엠앤비의 어린이 출판 브랜드로, 아이들의 지식을 단단하게 만들어 주고, 아이들의 창의력과 사고력을 키워 주어 우리 자녀들이 융합형 창의 사고뭉치로 성장할 수 있도록 좋은 책을 만들겠습니다.

펴내는 글

사회 복지는 왜 필요할까?
사회 복지 때문에 세금을 내는 건 합리적인 일일까?

선생님의 질문에 교실은 한순간 조용해집니다. 인내심이 한계에 다다른 선생님께서 콕 집어 누군가의 이름을 부르는 순간 나는 걸리지 않았다는 안도감에 금세 평온을 되찾지요. 많은 사람 앞에서 어떻게 말을 해야 하나 고민해 보지 않은 사람은 없을 겁니다. 사람들 앞에서 자신의 생각을 조리 있게 전달하는 기술은 국어 수업 시간에만 필요한 것이 아닙니다. 학교 교실뿐만 아니라 상급 학교 면접 자리 또는 성인이 된 후 회의에서도 자신의 의견을 분명히 표현할 수 있어야 합니다. 하지만 어디서부터 시작해야 할지 몰라 입을 떼는 일이 쉽지 않습니다. 혀끝에서 맴돌다 삼켜 버리는 일도 종종 있습니다. 얼떨결에 한마디 말을 하게 되더라도 뭔가 부족한 설명에 왠지 아쉬움이 들 때도 많습니다.

논리적 사고 과정과 순발력까지 필요로 하는 토론장에서 자신만의 목소리를 내려면 풍부한 배경지식은 기본입니다. 게다가 고학년으로 올라가서 배우는 수업과 진학 시험에서의 논술은 교과서 이상의 것을 요구합니다. 또한 상대의 의견을 받아들이거나 비판하기 위해서는 의견의 타당성을 검토하고 높은 수준의 가치 판단을 해야 하는 경우가 많은데, 자신의 입장을 분명히 하기 위해서는 풍부한 자료와 논거가 필요합니다.

토론왕 시리즈는 사회에서 일어나는 다양한 사건과 시사 상식 그리고 해마다 반복되는 화젯거리 등을 초등학교 수준에서 학습하고 자신의 말로 표현할 수 있도록 기획

되었습니다. 체계적이고 널리 인정받은 여러 콘텐츠를 수집해 정리하였고, 전문 작가들이 학생들의 발달 상황에 맞게 스토리를 구성하였습니다. 개별적으로 만들어진 교과서에서는 접할 수 없는 구성으로 주제와 내용을 엮어 어린이 독자들이 과학적 사고뿐만 아니라 문제 해결력, 창의적 발상을 두루 경험할 수 있도록 하였습니다. 또한 폭넓은 정보를 서로 연결지어 설명함으로써 교과별로 조각나 있는 지식을 엮어 배경지식을 보다 탄탄하게 만들어 줍니다. 이러한 통합 교과형 구성은 국어를 기본으로 과학에서부터 역사, 지리, 사회, 예술에 이르기까지 상식과 사회에 대한 감각을 익히고 세상을 올바르게 바라보는 눈을 갖는 데 큰 도움이 될 것입니다.

『함께 만들어요! 함께 누려요! 모두의 사회 복지』는 우리가 함께 어울려 살아가면서 기본적으로 누려야 할 사회 복지 제도에 대해 설명해 주는 책입니다. 단순히 경제적으로 어려운 사람을 돕는 것이 아니라, 모든 사람들이 행복하게 살 수 있도록 해 주는 사회 복지 제도의 의미에 대해서 짚어 주고 있지요. 특히 이 책에서는 한 부모 가정, 장애 가정, 다문화 가정을 이루고 있는 어린이들을 주인공으로 내세워 경제적 어려움뿐만 아니라 사회적 편견으로 상처받는 이들의 이야기를 집중적으로 다루고 있습니다. 이 책을 통해 우리 어린이들이 사회 구성원으로서 다양한 복지 제도에 대해 이해할 수 있기를 바랍니다.

편집부

차례

펴내는 글 · 4
파이브 히어로즈 특공대 · 8

1장 사회 복지란 무엇일까? · 11

누구를 인터뷰하지?

영웅이네 엄마는 누구?

토론왕 되기! 사회 복지는 왜 필요할까?
사회 복지로 세금을 너무 많이 거두는 게 아닐까?

2장 아동 복지 제도란 무엇일까? · 37

유미는 어디에 살고 있을까?

유미네 집에 놀러 온 아이들

토론왕 되기! 아동 복지는 왜 필요할까?

뭉치 토론 만화
모두의 사회 복지, 어떻게 만들고 누릴까? · 57

3장 어르신 복지 제도란 무엇일까? · 65

외로운 할머니 / 할머니를 잃어버렸어요
치매에 걸린 할머니 / 할머니를 누가 모셔야 하나?

토론왕 되기! 치매에 걸린 할머니를 과연 누가 돌봐야 할까?

4장 장애 복지 제도란 무엇일까? · 91

주성이와 유미의 못다한 이야기 / 시위 현장에는 어떤 일이 있었나?
나연이 오빠 / 장애인을 위해 할 수 있는 일

토론왕 되기! 장애인 복지는 어떻게 이뤄져야 할까?
장애 등급제를 왜 폐지했을까?

5장 사회 복지와 봉사 활동 · 117

다문화 복지 제도란?

봉사 활동은 왜 필요할까?

토론왕 되기! 다문화 사회에서 편견을 갖지 않으려면 어떻게 해야 할까?

어려운 용어를 파헤치자! · 133

사회 복지 관련 사이트 · 134

신나는 토론을 위한 맞춤 가이드 · 135

누구를 인터뷰하지?

"오늘은 특별한 숙제를 하나 내줄 거야. 조원들끼리 똘똘 뭉칠 수 있는 숙제야."

숙제를 너무나도 좋아하는 한숙자 선생님이 또 숙제를 내준다고 말했어요. 아이들은 숙제라는 말이 나오는 순간 소리부터 질렀어요.

"싫어요. 숙제는 지겨워요."

"숙제 없는 세상에 살고 싶어요."

선생님은 아이들의 반응엔 신경 쓰지 않고 자세하게 설명했어요.

"이번 시간에는 사회 복지에 대해 공부할 거야. 사람들은 사회 복지를 남을 돕는 것으로만 알고 있는데 그렇지 않아. 너희들은 사회 복지의 의미와 역할에 대해 생각해 본 적 있니?"

아이들은 어려운 얘기라고 생각했는지 눈만 멀뚱멀뚱 뜨고 있었어요. 선생님은 계속 이어서 말했어요.

"어떤 가난한 사람에게 만 원 준 것을 복지라고 여길 수 있지만, 이건 복지가 아닌 동정이 될 수도 있어. 사람들이 처한 곤란한 상황이나 문제를 파악하고, 그 문제를 해결할 수 있도록 적절하게 지원해 주는 게 복지라고 할 수 있지."

"선생님, 그럼 복지가 돈 없고 가난한 사람에게만 해당되는 건 아니네요."

평소 궁금한 건 참지 못하는 영웅이가 물었어요.

"물론이지. 우리가 내는 세금으로 복지를 꾸리는 건데, 국민이라면 복지를 누릴 수 있는 권리가 있지. 이번 숙제는 너희들이 기자가 되어 복지에 대해 자세히 알아 오는 거야. 이웃들을 인터뷰하고 동영상을 찍어 보렴. 우리 지역에서 일하는 사회 복지사나 복지를 위해 자원봉사하는 사람들을 찾아 인터뷰하면 좋겠지?"

아이들은 한마음이 되어 아우성쳤어요.

"너무 어려워요."

"그런 건 대학생 정도 되어야 할 수 있는 거 아니에요?"

아무리 아이들이 소리를 질러도 숙제를 좋아하는 한숙자 선생님은 꿈쩍도 하지 않았어요.

"조별 과제는 너희들의 협동심을 기를 수 있는 좋은 기회야. 인터뷰 질문지를 너희들이 직접 만들고, 우리 이웃들의 고민은 무엇이고 어떤 삶을 살고 있는지 조사해 보렴. 조장과 조원들이 똘똘 뭉쳐 발표 준비 잘해 오도록 해요."

이번에도 영웅이가 물었어요.

"인터뷰는 몇 명이나 해야 해요?"

"인원은 정해져 있지 않아. 분량은 길지 않아도 되니까 부담 갖지 않도록. 그렇지만 조장에게만 책임을 넘기지 말고. 조원들이 얼마나 협동을 잘했는지도 점수에 넣을 거야."

여기저기에서 한숨 소리가 들려왔어요. 4학년밖에 되지 않았는데 스스로 책임지고 발표한다는 건 부담되는 일이니까요. 이번엔 이한이가 물었어요.

"언제까지 마쳐야 하는데요?"

"이번 조사는 한 달 프로젝트야. 한 달 동안 조원들끼리 여러 번 만나서 조사해 봐. 열심히 준비해 오기로 약속!"

한숙자 선생님이 내준 숙제

1. 기자가 되어 주변 사람 인터뷰하기.
2. 스마트폰으로 인물 동영상 찍기.
3. 이웃들에게 고민이 무엇이고, 어떤 복지가 필요한지 질문하기.
4. 사회 복지사 또는 사회 복지관 방문 가능.
5. 인터뷰 인원은 정해지지 않음.

반 전체 아이들이 25명이라 다섯 조로 나뉘었어요. 영웅이네 조는 유미와 이한이, 나연이, 주성이로 구성되었지요.

선생님은 조원들끼리 조장을 뽑고 회의하라고 했어요.

"먼저 조장을 정하고, 조장을 중심으로 회의를 진행하도록 해. 우리나라는 복지 제도가 잘되어 있는지, 어떤 복지가 필요할지, 누구를 인터뷰할지 의논하고 계획을 세워 보도록."

평소 영웅이는 공부도 잘하고 맡은 일에 최선을 다하는 모범적인 아이예요. 그래서 유미와 나연이는 영웅이를 조장으로 추천했어요. 놀란 영웅이가 손사래를 치며 말했어요.

"내가 무슨 조장을 해? 다른 사람이 해."

"네가 우리 반 회장이잖아. 회장이 조장을 맡아야지. 영웅이가 조장 되는 거 반대하는 사람 있어?"

유미는 계속해서 영웅이를 향해 재촉했어요. 조장을 하기 싫은 아이들은 유미에게 잘했다며 맞장구쳤어요. 영웅이는 아이들에게 떠밀려 조장을 할 수밖에 없었어요.

"그럼 앞으로 내 말을 잘 따라라."

아이들은 깔깔 웃으며 박수를 쳐 주었어요. 먼저 영웅이는 조원들을 둘러보았어요. 유미와 이한이, 나연이와는 사이가 좋은 편인데 주성이는 얼마 전에 전학 온 아이라 아직은 서먹서먹했어요. 엄마가 베트남 사람이라는 것 외에는 주성이에 대해 아는 게 하나도 없었지요.

영웅이가 조원들에게 말했어요.

"먼저 주변에서 인터뷰를 할 사람들을 먼저 생각해 보자. 지역에서 복지를 위해 앞장서 활동하는 분들이나, 봉사 활동을 하면서 마을을 위해 애쓰는 분들을 중심으로 말이야."

그때 이한이가 혼자 배시시 웃으며 말했어요.

"봉사 활동은 우리 할머니가 진짜 열심히 하셨는데. 도서관에서 책 읽어 주기, 복지관에서 김장 봉사, 새벽마다 동네 골목 쓸기."

이한이의 말에 궁금한 건 못 참는 영웅이가 선생님에게 물었어요.

"선생님, 가족을 인터뷰해도 되나요?"

"물론이지."

나연이가 이한이를 향해 재빨리 물었어요.

"이한아, 너희 할머니를 인터뷰하면 되겠어. 생각보다 우리 조는 빨리 끝나겠는걸."

그런데 이한이가 고개를 절레절레 저으며 강력하게 대답했어요.

"우리 할머니는 안 돼. 절대 할 수가 없어."

이한이는 무조건 안 된다고만 했어요. 그러다 아이들이 끝까지 밀어붙일까 봐 일부러 화제를 돌렸어요.

"일단 첫 모임은 어디서 할지부터 정하자."

아이들은 서로를 멀뚱멀뚱 쳐다보기만 했어요.

이때 유미가 나섰어요.

"영웅이가 조장이니까 조장 집에서 모이는 걸로 하자."

"뭐, 우리 집에서?"

영웅이는 깜짝 놀라 아무런 대답을 하지 못했어요. 집에 한 번도 친구들을 데려간 적이 없거든요. 조장을 괜히 맡았다 싶었어요.

유미가 재빨리 덧붙였어요.

"미리 말해 두는데, 우리 집은 안 돼. 언니, 오빠들이 많아서 안 돼."

"왜? 언니, 오빠들이 친구 데려오지 말래?"

"아, 안 된다면 안 된다니까. 암튼 우리 집은 안 돼."

유미는 얼굴이 빨개졌어요. 집에서 모이자는 얘기를 왜 꺼냈는지 후회스러웠어요. 평소 춤도 잘 추고 노래도 잘 부르는 활발한 유미가 당황하는 모습을 아이들은 처음 보았어요.

유미가 얼른 둘러댔어요.

"우, 우리 집은 언니, 오빠 공부하는 데 방해되어서 안 된다는 뜻이었어."

유미가 다시 한 번 강력하게 말하자 나연이도 입을 열었어요.

"우리 집도 안 돼. 우리 집은 학교에서 너무 멀거든."

"너희 집이 멀다고? 지난번 은빛 빌라에서 너 나오는 거 봤는데. 거기 너희 집 아니야?"

이한이가 고개를 갸우뚱하며 말했어요.

"잘못 봤겠지. 암튼 우리 집은 절대 안 돼."

나연이도 당황하며 대답했어요. 이번엔 유미가 한마디 말도 없는 주성이를 향해 물었어요.

"최주성? 너희 집은 어때?"

주성이가 노려보듯 눈을 치켜뜨자 아이들은 더 이상 말하지 못했어요. 평소 주성이는 친구도 없이 혼자 다녀요. 덩치가 커서 운동을 잘할 것처럼 보이지만 한 번도 제대로 어울린 적이 없었어요. 나연이는 고개를 돌려 다시 한번 영웅이를 몰아세웠어요.

"황영웅, 네가 조장이니까 너희 집에서 모이는 걸로 해. 아무도 안 된다잖아."

"아, 그게 우리 집은······."

파이브 히어로즈 특공대의 복지 상식

✓사회 복지와 세금은 어떤 관계가 있을까?

나라 전체를 운영하는 데에는 돈이 꼭 필요해요. 하지만 국민들 개개인에게 자율적으로 내라고 할 수 없기 때문에 일정한 법칙을 세우고 그에 맞게 세금 형식으로 거두어들이고 있지요. 사람과 기업 모두 버는 만큼 일부는 세금으로 내야 해요. 나라에서는 이 세금으로 국민 전체를 위해 다양한 일을 하는데요, 특히 사회 복지 차원에서 하는 일은 더 특별하다고 할 수 있어요. 복지 계층은 복지에 대한 직접  적인 수혜 계층과 간접적인 수혜 계층, 그리고 별 이익이 없는 계층으로 나뉘는데, 일반적으로 경제적으로 수익이 높은 계층은 수혜 계층에서 벗어나 있기 때문에 사회 복지 정책에 무관심할 수 있지요. 따라서 그에 따른 세금 부과에 대해서 부정적일 수도 있고요. 하지만 전 국민이 보다 행복해질 의무가 있다는 차원에서 국민은 반드시 나라에 세금을 내야 할 의무도 있다는 점을 잊지 마세요.

영웅이는 얼굴도 잘생기고 키도 크고 공부까지 잘해요. 게다가 음악, 미술, 체육까지 못하는 게 없어요. 아이들에게 인기도 많은 편이고 반에서 회장을 맡을 정도로 책임감이 강하고 모범적인 아이예요.

영웅이는 머뭇거리다 용기를 내어 말하기로 결심했어요.

"우리 집이 좀 좁아. 반지하라 너희가 오면 실망할 수도 있을 텐데 괜찮겠어? 사실 우리 집은 사회 복지 혜택을 받고 있어. 너희만 괜찮다면 엄마한테 여쭤 보고 초대할게."

영웅이가 거침없이 말하자 아이들은 깜짝 놀라며 아무 말도 할 수 없었어요.

영웅이네 엄마는 누구?

다음 날, 영웅이가 아이들에게 말했어요.

"내일 우리 집으로 와. 엄마가 너희들 데려오래."

"역시 조장이라 다르긴 하네. 추진력이 빨라."

아이들은 영웅이를 향해 엄지손가락을 치켜세웠어요.

하루가 지나고 약속 시간에 맞춰 영웅이를 따라갔어요. 5월이라 햇살이 제법 뜨거웠어요. 나연이가 한마디 했어요.

"날씨도 좋은데 숙제를 해야 하다니. 우리 선생님은 숙제를 너무 좋아하셔."

이한이가 활기찬 목소리로 말했어요.

"우리끼리 어디 소풍이라도 가면 좋겠다. 좀 놀다 가면 안 될까?"

"안 돼. 숙제 다 하려면 시간 없어. 난 오늘 특별히 공부방도 빠졌단 말이야."

영웅이가 딱 잘라 대답했어요. 이한이가 물었어요.

"공부방이 어디야? 영웅이 넌 어떤 학원에 다니는데 공부를 그렇게 잘하는 거야?"

"난 따로 학원에 다니는 거 없어. 그냥 동네에 있는 공부방에서 공부하는 거야. 선생님들이 숙제를 봐주시거나 가끔 대학생 자원봉사 형들이 공부를 봐줘."

이번엔 유미가 물었어요.

"너도 지역 아동 센터에서 운영하는 공부방에 다니는 거야?"

"맞아."

평소에 영웅이는 학교 끝나고 곧바로 공부방으로 향해요. 그곳에서 숙제를 하고 저녁까지 먹고 집으로 올 때가 많아요.

그런데 영웅이 집으로 향하던 아이들이 날씨가 덥다며 투덜투덜 구시렁대기 시작했어요. 평소 말 한마디 없는 주성이도 땀을 흘리며 한마

디 툭 내뱉었지요.

"아휴, 더워. 영웅아, 얼른 너희 집 가서 에어컨 틀자."

영웅이네 집은 어느 후미진 골목길에 자리 잡고 있었어요. 큰 문과 작은 문이 나란히 붙어 있는데, 영웅이가 작은 문을 열쇠로 따고 들어갔어요. 몇 계단을 내려가니 반지하 집 현관이 또 나타났지요.

"여기가 우리 집이야."

문을 여니 좁은 방 두 개와 싱크대가 놓인 주방이 보였어요. 에어컨 대신 선풍기 한 대가 구석에 놓여 있었어요.

"내가 이런 곳에 살고 있어 놀랐지? 우리 집이 반지하라 그래도 여름엔 시원해. 여기서 엄마랑 나랑 둘이 살고 있어."

영웅이의 씩씩한 목소리에 아이들은 서로 눈치만 보며 머뭇머뭇 서 있었어요.

잠시 후 이한이가 조심스럽게 말했어요.

"우린 네가 뭐든지 잘해서 학원도 많이 다니고 넓은 아파트에 사는 줄 알았어."

"나중에 어른 되면 돈 벌어서 엄마랑 그런 집에 살고 싶어. 너희들 집엔 책상 다 있어? 난 얼마 전에 엄마가 사 주셨어. 책상 때문에 방이 좁아지긴 했지만 내 유일한 공간이지."

영웅이는 방에 놓인 작은 책상을 가리키며 자랑하듯 말했어요. 옆에

1장 사회 복지란 무엇일까?

서 유미와 나연이가 액자 하나를 발견하고는 방실방실 웃었어요.

"영웅아, 너 어릴 때야? 진짜 귀엽게 생겼네."

"옆에 계신 분은 누구야?"

영웅이가 곧바로 대답했어요.

"우리 엄마야."

아이들은 다시 한 번 깜짝 놀랐어요.

"너희 엄마라고? 엄청 젊어 보이시는데?"

"이모나 누나 아니고?"

영웅이가 약간 복잡한 표정을 지었어요.

"너희가 봐도 그렇게 젊어 보여?"

이한이는 사진을 자세히 보지도 않고 한마디 거들었어요.

"젊어 보이는 엄마라면 난 좋을 것 같아. 우리 엄마는 나를 마흔 넘어 낳아서 좀 나이 들어 보이시거든. 그래서 내가 우리 누나랑 띠동갑이잖아."

영웅이가 말했어요.

"이한이는 누나랑 열두 살 차이 나는구나? 난 우리 엄마랑 열일곱 살 차이 나는데. 유치원 다닐 때 엄마한테 이모라고 부르기도 했었어. 그땐 많이 힘들었는데 지금은 괜찮아."

아이들은 모두 어리둥절한 표정을 지었어요.

"아니, 왜 엄마한테 이모라고 불러?"

나연이가 물었어요.

"우리 엄마가 나를 일찍 낳았거든. 엄마가 어려 보이니까 이모라고 부르라고 했었어. 가끔은 엄마가 진짜 엄마인지 이모인지 헷갈리기도 했다니까."

영웅이는 자신이 겪었던 힘든 일을 담담하게 말했어요.

"너희, 미혼모라고 들어 봤어?"

아이들은 놀라서 동시에 되물었어요.

"미혼모?"

"엄마는 나를 아빠도 없이 열여덟 살에 낳았대. 날 혼자서 키우는 게 쉽지 않았을 텐데, 그래도 엄마 덕분에 내가 이만큼 자랄 수 있었던 거라고 생각해. 지금도 엄마는 책임감을 갖고 나를 키우기 위해 열심히 노력하고 있거든."

영웅이 엄마는 나이가 서른도 되지 않았어요. 영웅이는 엄마와 평생 사는 게 소원이래요.

"우리 엄마가 결혼도 하지 않고 미혼모로 나를 낳았다고 따돌리지 않을 거지? 아빠 없이 살지만 누구보다도 당당하게 살기 위해 노력하고 있거든."

아이들은 영웅이를 향해 손가락까지 걸고 약속했어요. 절대 놀리거나 따돌리지 않기로 말이지요. 그때 나연이가 좋은 생각이 났다면서 말을 꺼냈어요.

"영웅이 엄마를 인터뷰해도 좋을 것 같아. 멀리서 찾지 않아도 되잖아. 영웅이 엄마는 지역에서 아들을 키우면서 열심히 사는 사람이잖아."

나연이의 말에 나머지 아이들은 박수를 치며 좋은 생각이라고 거들

파이브 히어로즈 특공대의 복지 상식

✓미혼모와 미혼부는 무엇일까?

미혼모는 결혼하지 않은 상태로 아이를 낳은 여자를 말하고, 미혼부는 결혼을 하지 않은 상태로 아이가 있는 남자를 말해요. 최근에는 결혼 유무를 따로 구분하지 않고, '한 부모'라는 말을 더 많이 써요. 결혼한 부부가 이혼이나 별거, 사별 등으로 헤어진 후에 아이를 양육하거나 책임지는 경우도 많기 때문이지요.

아직 우리 사회는 한 부모가 아이를 키우는 일에 편견을 갖고 대하는 일이 많아요. 그래서 2019년부터 나라에서는 특히 미혼모, 미혼부가 일상 속에서 차별과 불편을 겪지 않도록 다양한 제도를 마련해 놓고 있어요. 복지부에서는 한 부모 가정의 아동이 병원 진료 시 차별적 언어와 태도로 상처받지 않도록 감수성 교육을 시키기로 하고, 교육부에서는 교사용 지도서에 다양한 가족 형태와 구성원 역할 등의 내용을 반영키로 했답니다. 이 외에 고용 노동부, 국토 교통부, 여성 가족부 등 다양한 관계 부처에서 차별 해소를 위한 제도를 마련하고 있어요.

었어요. 영웅이는 솔직히 당황스러우면서도 친구들에게 고마운 마음이 들었어요.

"우리 엄마를 인터뷰한다고? 난 주민 센터에서 우리를 도와주는 사회 복지사 선생님을 찾아가려고 했거든."

그때 현관문이 열리고 영웅이 엄마가 들어왔어요. 아이들은 한목소리로 인사했어요.

"안녕하세요."

"안녕, 얘들아! 영웅이 친구들이 온다 해서 좀 일찍 들어왔지."

이한이는 영웅이 엄마를 보고 깜짝 놀랐어요. 전에 만난 적이 있었거든요. 영웅이 엄마가 먼저 이한이를 알아보고 아는 척했어요.

"넌 그때 할머니 찾으러 다녔던 아이 아니니?"

"아, 안녕하세요. 아줌마가 영웅이 엄마셨어요?"

영웅이 엄마가 이한이를 향해 조심스럽게 물었어요.

"그날 할머니는 찾았니? 갑자기 왜 연락이 안 된 거야?"

"그, 그게……."

이한이가 말을 잇지 못했어요. 다행히 영웅이 엄마도 더 이상 묻지 않았어요. 영웅이 엄마는 동네에서 제법 큰 '정든 마트'에서 일을 하고 있어요. 아이들 준다고 간식을 잔뜩 사 가지고 왔지요.

"영웅이가 친구들을 데려온다 해서 놀랐어. 우리 아들이 학교에서 어

떻게 지내는지 궁금했는데, 이렇게 와 주어 고맙구나."

"영웅이는 우리 반 회장에 모범생이에요. 뭐든지 잘하잖아요."

나연이가 애교 섞인 목소리로 말했어요.

영웅이 엄마는 앞으로도 지금처럼 영웅이와 행복하게 사는 게 소원이라고 했어요. 영웅이 엄마는 부모님이 일찍 돌아가시고 할머니랑 살다가, 할머니까지 돌아가시면서 외롭고 힘들었다는 이야기를 들려주었어요.

"내가 힘들게 살아서인지 영웅이는 행복하게 살았으면 좋겠어. 처음

엔 막막하고 힘들었는데, 용기 내어 알아보니까 나처럼 어려운 사람을 위해 도움을 주는 분들도 많았고, 사회 복지가 마련되어 있는 걸 알게 되었지. 조금씩 도움 받으며 살다 보니까 극복하게 되더라고. 앞으로 나도 영웅이도 누군가에게 도움이 되는 사람으로 살고 싶어."

그때 유미가 서둘러 말했어요.

"우리 이러지 말고 진짜 인터뷰 준비를 하자. 얼른 질문도 만들고 동영상도 찍어야지."

아이들은 영웅이 엄마를 인터뷰하기 위해 몇몇 질문들을 준비했어요. 각자 생각한 질문들을 영웅이 엄마에게 물어보았지요. 대표로 조장인 영웅이가 동영상을 찍기로 했어요.

평소 영웅이는 엄마를 창피하게 생각하지는 않았지만 사실 아이들 앞에서 떳떳하게 자랑한다는 건 좀 어려웠어요. 그동안 엄마가 사람들의 편견 때문에 상처받았다는 걸 알고 있었거든요. 그런데 오늘만큼은 엄마가 당당해 보여 기분이 좋았답니다.

사회 복지 시설에는 어떤 것들이 있나요?

복지란 무엇일까요? 국민 전체가 행복하게 살아갈 수 있도록 국가 차원에서 노력하는 정책을 말해요. 흔히 노인이나 장애인, 소년 소녀 가장 등 사회적 약자들을 위한 시설만을 복지 시설로 일컫는데요. 도서관이나 공원, 학교 등의 공공 시설도 모두 시민들의 복리를 위해 만들어진 것이므로 복지 시설의 한 종류라고 볼 수 있답니다. 이 외에 또 어떤 복지 시설이 있을까요?

보육원
부모나 보호자가 없는 아이들을 받아들여 기르고 가르치는 곳이에요.

어린이집
우리 친구들이 유치원 다니기 전에 많이들 다녔을 거예요. 교육 시설 같지만 법적으로 복지 시설이랍니다. 유치원은 교육부 소속, 어린이집은 보건 복지부 소속이에요. 그래서 어린이집 선생님이 되려면 보육 교사 자격증이 꼭 필요해요.

지역 아동 센터
지역 사회 아동을 보호하고 교육하며, 보호자와 지역 사회의 연계 등 아동의 건전한 육성을 위하여 건립되었어요. 민간 단체나 개인이 운영하지만 이 역시 보건 복지부에서 감독하는 복지 시설이에요.

복지관
복지 서비스를 제공하는 시설을 말하는데, 장애인 복지관, 노인 복지관, 아동 복지관, 여성 복지관 등 다양한 형태로 운영되고 있어요. 이 모든 것을 통합적으로 운영하는 종합 복지관도 있답니다.

쉼터
일정 기간 생활을 지원하고 서비스를 제공해서 가정이나 사회로 돌아갈 수 있도록 지원하기 위해 만들어진 시설이에요. 노숙자 쉼터, 미혼모 쉼터, 청소년 쉼터 등이 있지요.

복지 시설, 잘 관리되고 있을까?

보건 복지부는 노인 복지관·사회 복지관·양로 시설·한 부모 가족 복지 시설 803개소를 대상으로 3년마다 평가를 하고 있어요. 최근 3년간 운영 실적을 살펴보면, 양로 시설이 특히 점수가 크게 하락한 것으로 나타났어요. 특히, 지방 자치 단체 직영 시설의 경우 평균 50점이 되지 않을 정도로 시설 운영이 매우 부실한 것으로 조사됐지요.

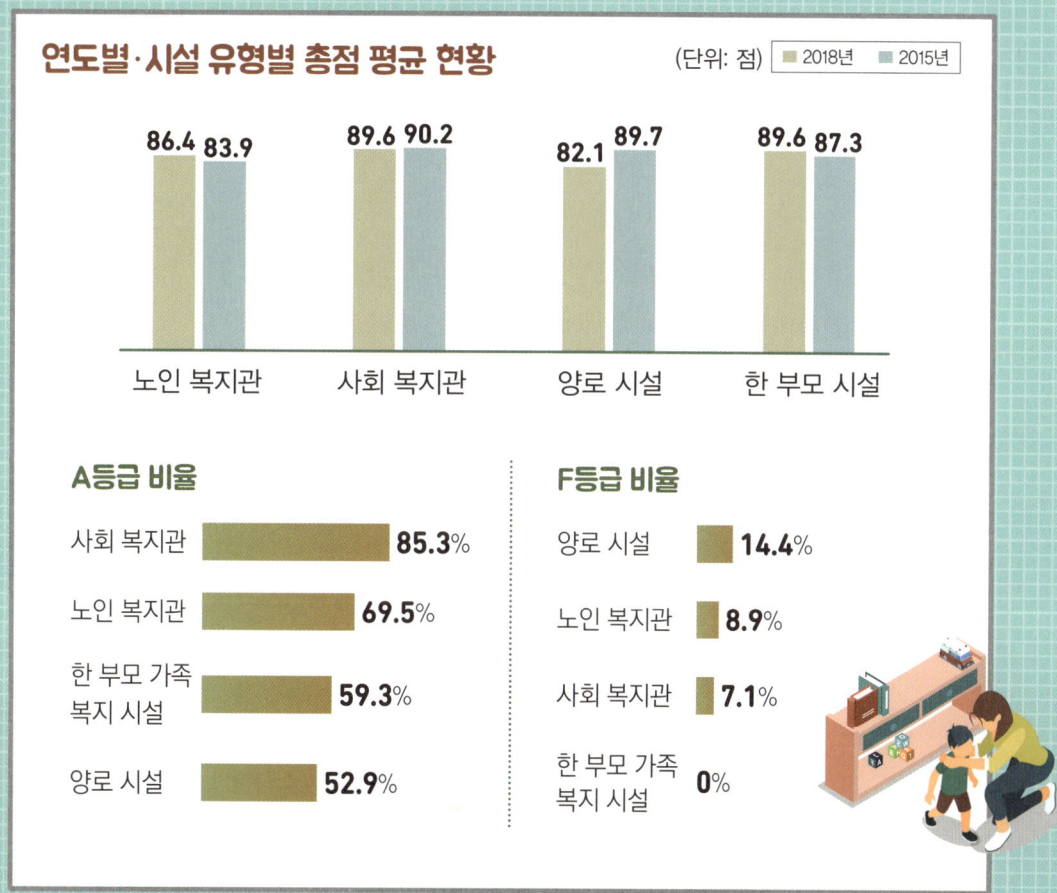

지자체 직영 시설의 평가가 낮은 주된 이유는 공무원의 잦은 인사 이동으로 인한 업무 연속성이 낮고, 시설 고유 기능인 프로그램 제공과 지역 자원 개발 업무보다는 지자체 행사장 대여 등 단순 시설 관리에 치중하기 때문인 것으로 분석됐어요. 특히, 지방 자치 단체 직영 시설 중 34개소는 2회 연속 'F등급'을 받은 것으로 확인돼, 지자체 직영 시설에 대한 운영 개선 방안 마련이 시급한 것으로 파악됐지요.

사회 복지는 왜 필요할까?

사회 복지는 우리 모두가 행복해지기 위해 꼭 필요한 제도예요. 내 행복이 소중한 만큼 다른 사람들의 행복도 소중히 여길 줄 알아야 하지요. 내 욕심만 주장하기보다는 다른 사람들과 함께 행복할 수 있는 방법을 찾는 게 중요해요. 또 내가 하는 행동이 다른 사람에게 피해를 주지 않는지 주의할 필요도 있지요. 그렇지만 개인의 노력만으로는 모든 사람의 행복을 책임질 수 없기 때문에 국가 차원에서 사회 복지를 신경 쓰는 거예요. 따라서 복지 정책이 잘 되어 있는 나라의 국민들은 비교적 행복하다고 할 수 있지요.

그럼 사회 복지 정책이 잘되어 있는 나라는 어디일까요?

2020년 코로나가 전 세계를 덮쳤을 때 캐나다의 많은 시민들도 직장을 잃었어요. 하지만 개인적인 이유로 일자리를 잃은 게 아니기 때문에 정부로부터 금전적으로 도움을 받을 수 있었지요. 평소 급여에서 높은 세율로 세금을 냈기 때문에 가능한 정책이에요. 덴마크의 경우에는 국가 예산의 1/3을 복지에 쏟을 정도예요. 아이들 교육, 의료, 노인 요양까지 모두 무료로 국가에서 제공하고 있지요. 복지 차원에서 수입을 조절하고 있기 때문에 어떤 직업을 갖든 차이가 크게 나지 않아서 다들 자기 직업에 만족하며 살아간다고 해요.

평소 우리는 어떤 사회 복지 혜택을 받고 있는지 엄마 아빠와 함께 이야기를 나누어 보세요.

사회 복지로 세금을 너무 많이 거두는 게 아닐까?

보다 많은 사람들의 행복을 위해 운영하는 사회 복지 제도. 그런데 이것을 실행하기 위해 세금을 많이 거둔다면 조금 억울한 생각이 들지 않을까요? 열심히 일한 만큼 돈을 버는 게 당연할 텐데, 공공의 복지를 위해 세금을 많이 부과하면 열심히 일하는 사람이 줄어들지 않을까요?

실제로 복지 국가로 불리우는 나라에서 많은 사람들이 정부 보조금만 믿고 일자리 찾는 노력을 하지 않는 경우가 있어요. 높은 세율에 불만을 가진 사람들도 많고요. 대표적인 복지 국가 덴마크에서는 수입의 평균 45% 이상을 세금으로 내고 있고, 수입에 따라서는 60% 이상 내는 사람도 있다고 해요.

그런데도 덴마크 국민들은 국가의 복지 정책에 긍정적이기 때문에 세금을 더 내는 것에도 긍정적이라고 해요. 그동안 받은 복지 혜택에 대한 대가로 생각하고, 앞으로도 계속 혜택을 받을 것이라는 믿음이 있기 때문이지요.

누구나 행복해지기 위한 〈사회 복지〉 퀴즈

다음 각 설명을 읽고 무엇을 나타내는지 적어 보세요.

1. 우리가 살아가기 위해서는 돈이 필요해요. 국가도 마찬가지로 돈이 필요해요. 그 돈으로 국민들에게 필요한 것을 만들기도 하고 국민들의 안전을 지켜 주기도 합니다. 나라가 국민을 행복하게 할 의무가 있다면, 국민은 사회 복지를 위해 나라에 무엇을 내야 할 의무가 있을까요?

2. 모든 사람들이 행복하려면 집단이 구성원 각자의 불편함을 고쳐 주기 위해 애를 써야 하고, 힘든 점들을 보완해 주도록 해야 해요. 모든 사람들이 인간답게 살기 위해서는 무엇이 필요한가요?

3. 다르다는 이유로 차별받지 않도록 하는 것, 다르더라도 모두가 인간다운 생활을 누리도록 하는 것이 사회 복지입니다. 자신과 다른 사람들과 같이 생활할 때 어떤 마음가짐을 가져야 할까요?

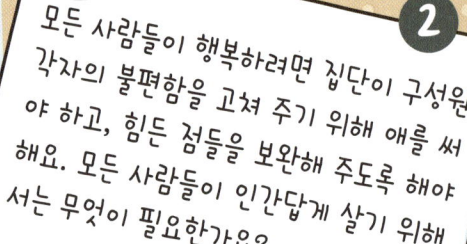

정답
① 세금 ② 복지 ③ 존중/배려

유미는 어디에 살고 있을까?

유미는 원래도 나연이와 친했지만, 이번 숙제 때문에 같은 조가 되면서 더욱 절친한 사이가 되었어요.

"유미야, 영웅이네 엄마가 미혼모라는 사실에 난 깜짝 놀랐어. 영웅이가 용기 있게 말해 주어 이번에 다시 봤잖아."

"나연이 너, 예전부터 영웅이 좋아하지 않았어?"

어느새 나연이의 얼굴이 발개졌어요.

"영웅이가 좀 잘생기긴 했잖아. 키도 크고 공부까지 잘하고, 운동도 잘하잖아. 3학년 때 같은 반이었는데, 장기 자랑 시간에 태권도를 하는데 얼마나 멋졌는지 몰라. 드럼도 배우러 다닌다더라."

"드럼까지? 영웅인 말썽 부리지 않고 뭐든 잘하는 것 같아."

유미가 생각해도 영웅이는 좀 남다른 것 같았어요. 한편으로 영웅이가 부러우면서, 이런 생각까지 들었어요.

'나도 영웅이처럼 엄마가 있었으면 좋았을 텐데…….'

유미가 학교 끝나자마자 가는 곳은 태권도 학원이에요. 학원이 끝나면 동생들을 기다렸다가 학원 버스를 타고 집으로 함께 와요.

오늘도 어김없이 태권도 학원에 들어서는데, 주성이가 있지 뭐예요.

'쟤가 왜 여기 있는 거야?'

순간 유미는 놀라서 아는 척하지 못했어요. 주성이도 유미에게 눈길

한 번 주지 않았어요.

유미가 태권도 학원 버스에서 내려 들어간 곳은 '청솔 보육원'이에요. 유미를 포함해 서른 명의 아이들이 살고 있지요. 그중에 초등학생은 유미를 포함해 일곱 명이에요. 몇 년 전까지만 해도 초등학생들이 많았는데 그 아이들은 중학생이 되었고, 이제는 갓난아기들이 새롭게 들어오고 있어요.

"다녀왔습니다."

아이들은 손을 씻고 곧바로 식당으로 들어가 간식을 먹었어요.

"와, 오늘은 샌드위치다."

좋아하는 샌드위치를 한입 먹고 나니, 유미는 두근거렸던 마음이 가라앉았어요. 뜻밖의 장소에서 주성이를 만나 얼마나 놀랐는지 몰라요.

이모가 아이들을 향해 말했어요.

"간식 먹고 지역 아동 센터로 가서 숙제하렴. 오늘 학습지 선생님 오시는 날이니까 다들 숙제 챙기고."

아이들에게 청솔 보육원은 집이고, 청솔 지역 아동 센터는 공부방이에요. 보육원과 지역 아동 센터에서는 사회 복지사 선생님을 모두 이모나 삼촌이라고 불러요.

유미가 이모에게 슬며시 물었어요.

"이모, 학교에서 조별로 하는 숙제가 있는데요. 집에서 같이하면 안 되겠죠?"

"뭐? 보육원으로 친구들을 데려온다고? 너 괜찮겠어?"

"아, 아니에요."

"너만 괜찮다면 강당에서 모이면 어때? 외부 아이들이 들어오려면 원장님께 허락을 받아야 하는데 말씀드려 볼게."

"주제가 사회 복지예요. 인터뷰를 해야 하는데, 혹시 이모가 해 주실 수 있어요?"

"너희들이 기자가 되어 인터뷰하는 거야? 당연히 해 줘야지."

유미는 마음이 사르르 녹는 것 같았지만 여전히 선뜻 내키지 않는 건

 **파이브 히어로즈 특공대의 복지 상식**

✓ 사회 복지사는 어떤 일을 할까?

사회 복지사는 사회 복지관, 노인 복지관, 장애인 복지관, 지역 아동 센터, 다문화 센터, 보육원, 장애인 재활 시설, 아동 양육 시설, 모·부자 복지 시설, 노인 요양 시설 등 사회 복지 생활 시설에서 일을 해요. 상담을 통해 사회 복지 대상자의 욕구, 개선점, 보유 자원과 대상자 가족의 지원, 재정적인 문제 등에 대해 알려 주지요. 다양한 프로그램을 개발·기획하기도 하며 후원자나 자원봉사자를 모집하고 사회 복지 대상자에 대한 사회적 편견을 없애기 위한 활동을 한답니다.

사실이었어요. 반 아이들 앞에서 보육원에 산다는 걸 굳이 말하고 싶지 않으니까요.

"참, 유미야, 오늘 센터에 너랑 같은 학년 남자아이가 새로 왔다는구나. 너희 학교 애라니까 네가 좀 잘해 줘."

"우리 학교라고요?"

유미는 어떤 아이인지 궁금하긴 했지만, 같은 학교에 다니는 아이가 센터에 다니게 된 일이 반갑지 않았어요. 보육원에서 50m만 걸어가면 청솔 지역 아동 센터가 나와요. 센터에 들어가려고 문에 손을 뻗었는데 한 남자아이가 급하게 문을 열고 나왔어요.

"앗, 최주성? 네가 여기서 왜 나와?"

"야, 화장실이 어디야? 나 급하다고."

유미는 얼른 주성이에게 화장실을 알려 주고는 재빨리 이모에게 다가가 물었어요.

"이모, 쟤가 왜 여기 있어요?"

"너랑 아는 애야? 오늘부터 우리 센터에 들어온 친구야. 아까 말했던 너희 학교 애. 아는 사이라니 네가 앞으로 잘 좀 알려 줘."

지역 아동 센터엔 보육원 아이들뿐만 아니라 근처에 사는 아이들도 함께 다니고 있어요. 주성이가 화장실에서 돌아오자 지역 아동 센터의 원장님이 아이들에게 소개해 주었어요.

"주성이는 다른 동네에서 지역 아동 센터를 다니다가 전학 오면서 오늘부터 우리 지역 아동 센터로 온 친구니까 앞으로 잘 지내도록 해요. 모르는 것 있으면 친절하게 알려 주고. 싸우지 않도록 해요."

주성이가 아이들을 향해 고개만 까딱 숙여 인사했어요. 유미는 주성이를 쳐다보며 못마땅한 표정을 지었어요.

'왜 하필이면 태권도도 센터도 같이 다니는 거야?'

주성이는 이번에도 유미와 눈길 한 번 마주치지 않았어요. 마음이 복잡한 유미는 숙제를 끝마치고 얼른 보육원 강당으로 내려갔어요.

강당에서 언니들 몇 명이 춤 연습을 하고 있었어요. 유미도 언니들을 따라 춤을 췄어요. 이 시간이 유미에게 가장 행복하고 즐거운 시간이었답니다.

유미네 집에 놀러 온 아이들

영웅이는 친구들이 집에 다녀간 후, 더욱 자신감이 생겼어요.

"너희들이 우리 엄마 인터뷰한 건 편집까지 다 했어."

"편집까지 했어? 이번 숙제는 영웅이가 다 하는 거 아니야?"

이한이는 괜히 미안한 마음이 들었어요. 영웅이가 활짝 웃으며 말했

파이브 히어로즈 특공대의 복지 상식

✓ 아동 복지 제도는 정확히 어떤 것일까?

모든 아동의 신체적, 사회적, 심리적 발달을 보호하고, 경제·교육·보건·노동 등 다양한 분야에서 아동의 안전한 생활을 지원하는 제도예요. 좁은 의미에서는 어른에 의해 보호받지 못하는 경우 아동과 그 가족에게 서비스를 제공하기도 하지요.

✓ 아동 복지 사업은 언제부터 시작되었을까?

우리나라에서 근대적 의미의 아동 복지 사업이 시작된 것은 개항 이후 1888년(고종 25) 8월 프랑스 신부에 의해 서울 명동에 천주 교회 고아원이 설립되면서예요. 그 뒤 1895년 8월에는 인천 천주당 교회 내에 해성 보육원이 설립되었다고 해요.

✓ 아동 복지 기관에는 어떤 것이 있을까?

- **아동 복지관** 문화, 정보화 능력 함양 등 다양한 아동 복지 서비스를 제공해요.
- **아동 상담 센터** 가족 상담, 놀이 치료, 행동 수정, 시설 치료 등 아동의 심리적 문제를 해결하기 위해 상담을 하는 곳이에요.
- **지역 아동 센터** 지역 사회 아동의 보호, 교육, 건전한 놀이와 오락의 제공, 보호자와 지역 사회의 연계 등 아동의 건전 육성을 위하여 종합적인 아동 복지 서비스를 제공해요.

어요.

"아니야. 방과 후 교실에서 동영상 편집을 배우는데 재미있어서 괜찮아. 이제 누구를 인터뷰할까?"

그때 유미가 아이들을 향해 용기 내어 말했어요.

"오늘 시간 되면 우리 집에 갈래? 이모가 인터뷰해 준다 했어."

"이모를 인터뷰한다고?"

영웅이의 물음에 유미가 대답했어요.

"사실 영웅이 때문에 나도 용기를 내는 거야. 궁금한 건 우리 이모를 만나서 물어봐. 질문은 그때까지 금지."

수업이 끝나고, 아이들은 유미를 따라갔어요. 유미는 평소 몸이 약한 나연이를 챙겼어요.

"우리 집이 학교에서 가까운 편이 아니야. 나리 초등학교 근처까지 걸어야 해. 나연아, 괜찮겠어?"

"걱정하지 마. 우리 가족이 이래 봬도 등산 가족이야."

이한이가 걸어가면서 물었어요.

"나리 초등학교가 너희 집 근처야? 그럼 나리 아파트에 살아?"

"김이한? 내가 꼭 아파트에 살아야 하는 거니?"

"앗, 미안."

이한이가 재빨리 사과했어요. 영웅이가 어색해진 분위기를 얼른 수

습하기 위해 유미에게 질문을 던졌어요.

"유미야, 넌 이모랑 같이 살아? 이모가 사회 복지사 일을 하셔?"

"황영웅, 내가 질문 금지라고 했지?"

유미가 까칠하게 대꾸하자 영웅이도 더 이상 묻지 못했어요. 그러다가 대단지의 나리 아파트가 나오자 이한이가 또다시 유미를 향해 물었어요.

"유미야, 넌 나리 초등학교가 가까운데 왜 우리 학교를 다녀?"

"김이한, 너도 참 끈질기다. 나리 아파트에 대해선 짜증 나서 말하고 싶지 않으니까 그만 좀 물어."

유미가 버럭 짜증을 내며 대꾸했어요. 아이들은 뒤에서 유미의 눈치를 보며 구시렁구시렁 불만들을 나누었어요.

유미가 발걸음을 멈춘 곳은 청솔 보육원이었어요. 들어가는 현관문 앞에 '꿈을 키워 주는 아이들의 행복한 공간'이라는 푯말이 붙어 있었어요. 유미가 아이들을 향해 말했어요.

"여기가 우리 집이야."

"청솔 보육원? 유미 너네 집이 보육원이야?"

나연이가 눈치 보며 한마디 물었어요. 그제야 유미가 아이들에게 사과와 함께 사실을 털어놓았어요.

"자꾸 짜증 내서 미안해. 나는 너희들처럼 엄마 아빠랑 사는 게 아

니야. 보육원이 내가 사는 집이고 원장님, 이모들, 언니, 오빠, 동생들하고 함께 살아."

아이들은 뭐라고 대꾸해야 할지 몰랐어요.

"이모, 제 친구들이에요."

"우리 유미 친구들이 왔구나. 오늘 나를 인터뷰한다고?"

영웅이가 대표로 나섰어요.

"안녕하세요. 조장 황영웅이라고 하는데요. 저희는 보육원이 어떤 곳인지도 모르고, 이모가 어떤 일을 하는지도 잘 몰라서요."

"네가 영웅이구나. 말하는 것도 아주 야무지네. 유미가 너 때문에 용기가 났다고 하더라. 앞으로도 유미랑 친하게 지내렴."

이모가 아이들을 데리고 보육원에 대해 하나하나 소개해 주었어요. 청솔 보육원은 1동부터 5동까지 건물이 있는데, 그곳에서 서른 명의 아이들이 함께 살아요. 각 동마다 갓난아기들부터 초, 중, 고등학생들까지 성별과 나이로 나누어 5~6명씩 지낸다고 했어요.

보육원엔 다양한 공간들이 많았어요. 모래 놀이방, 상담실, 프로그램실, 독서실, 멀티미디어실, 식당, 강당 등이 있었어요. 아이들은 보육원이 낯설긴 했지만 견학 온 것처럼 신기한 마음이 들었어요.

"여기가 유미가 사는 집이야? 진짜 넓고 좋다."

이한이의 물음에 유미가 장난스럽게 맞장구를 쳤어요.

"부럽니? 보육원에 사는 걸 부러워하는 애는 네가 처음이다."

이번엔 유미가 아이들을 데리고 지하 강당으로 내려갔어요.

"강당은 내가 춤이나 노래를 연습하는 공간이기도 해. 오늘 인터뷰는 여기서 하자."

영웅이가 동영상 찍을 준비를 하자, 이모가 먼저 아이들을 향해 자기소개를 했어요.

"나는 청솔 보육원에서 아이들을 돌보고 있는 사회 복지사야. 보육원은 어린이들을 돌보고 기르는 사회 복지 시설이지."

나연이가 이모에게 첫 번째 질문을 했어요. 보육원에서 이모가 하는 일은 무엇이고 어떤 아이들이 지내는지 물었지요.

영웅이는 인터뷰 중에 미혼모라는 말이 나오자 엄마 생각이 났어요. 엄마가 자신을 키우지 않았다면 어떻게 되었을까 잠시 생각해 보았지요.

나연이는 유미를 째려보며 한마디 내뱉었어요.

"야, 우리 친한 사이 맞아? 나랑 친하면서 무슨 비밀이 그렇게 많았던 거야? 너무해."

"보육원에 사는 게 비밀도 아니지만 자랑스러운 일도 아니잖아. 너희들 그렇다고 나를 다른 눈으로 보면 안 돼."

아이들은 당연하다면서 고개를 끄덕이며 약속했어요. 주성이는 유미가 다르게 보였어요.

'이유미, 대단하네. 엄마 아빠도 없이 저렇게 당당하다니…….'

인터뷰가 끝나고, 주방 이모가 특별히 떡볶이와 어묵탕을 간식으로 준비해 주었어요.

유미는 지하 강당에서 그동안 연습했던 춤과 노래까지 뽐내었어요. 오늘은 누구에게도 숨기지 않고 떳떳한 날이에요.

영웅이가 아이들을 향해 조장답게 말했어요.

"너희들이 협조를 잘해 주어 진행이 빠른 것 같아 뿌듯해. 우리 이왕이면 조 이름을 정하면 어떨까?"

"영웅이네 조라고 할까?"

"내 이름은 넣는 건 너무 유치하지 않아? 사회 복지에 관한 조사니까 복지 파이브 어때?"

"황영웅, 그게 더 유치하다."

그때 유미는 좋은 생각이 떠올랐어요.

"파이브 히어로즈 특공대 어때? 우리가 인터뷰하는 사람들이 모두 영웅이잖아. 우리는 특별한 공부를 하는 부대고."

아이들은 좋은 생각이라면서 서로 마주 보며 함께 외쳤어요,

"우리는 파이브 히어로즈 특공대!"

우리나라 보육원 실태

보육원은 보호자가 없거나 보호자로부터 버림받거나, 가정 내에서 보호하기 어려운 아동이나 특별히 보호가 필요하다고 인정되는 아동이 지내는 곳이에요. 미혼모의 아이 또는 이혼 가정의 아이, 조부모의 아이 등 키울 수 있는 능력과 상황이 되지 않는 부모들이 보육원으로 아이를 보내는 경우도 많아요. 이처럼 부모의 유기·학대 등으로 국가의 보호를 필요로 하는 아동은 2017년 말 누적 기준으로 2만 6000명에 이른다고 해요. 친인척과 이웃 등 주변 어른들에게 맡겨지고 나면 1만 4000명가량의 아동은 보육원과 공동 생활 가정(그룹홈)에 입소해 18세까지 자립을 준비하지요. 보육원과 그룹홈 등 보육 시설은 정부 지원과 민간 후원으로 꾸준히 성장해 왔는데요. 현실적으로는 50~70명씩 집단 생활을 하다 보니 개개인에게 관심을 쏟고 맞춤형 교육을 제공하기에는 무리가 있지요. 아동 양육 시설이나 그룹홈에서 생활하는 시설 아동은 18세가 되면 퇴소해 보호 종료자 신분으로 바뀌어요. 법적인 성인이라고 해도 자립 능력이 부족한 경우가 태반이어서 정부는 공공 기관 등과 연계해 이들에게 주거 지원을 해 주지요. 그러나 이런 지원을 받는 보호 종료자는 전체의 1/3에 그치고 나머지는 주거가 극히 불안정한 채로 사회에 첫발을 내딛는 것으로 조사됐어요.

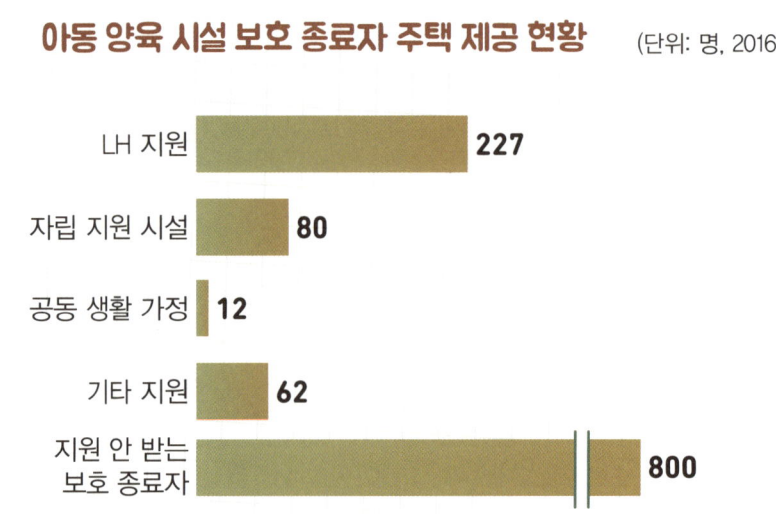

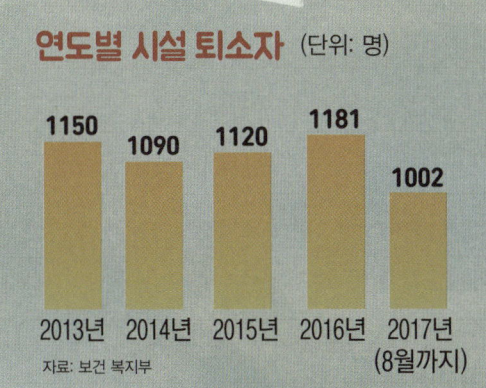

연도별 시설 퇴소자 (단위: 명)

- 2013년: 1150
- 2014년: 1090
- 2015년: 1120
- 2016년: 1181
- 2017년(8월까지): 1002

자료: 보건 복지부

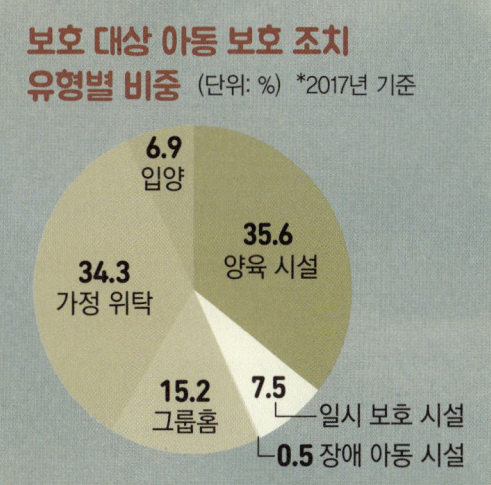

보호 대상 아동 보호 조치 유형별 비중 (단위: %) *2017년 기준

- 양육 시설: 35.6
- 가정 위탁: 34.3
- 그룹홈: 15.2
- 일시 보호 시설: 7.5
- 입양: 6.9
- 장애 아동 시설: 0.5

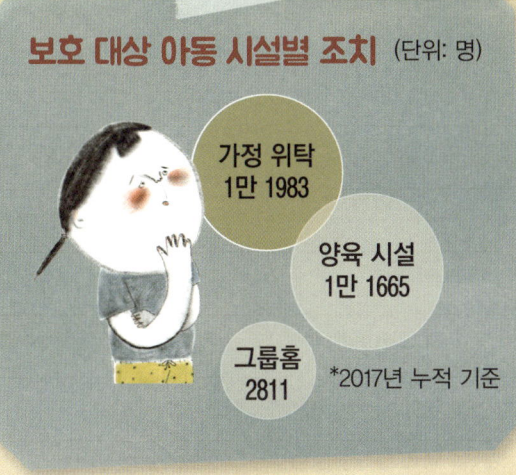

보호 대상 아동 시설별 조치 (단위: 명)

- 가정 위탁: 1만 1983
- 양육 시설: 1만 1665
- 그룹홈: 2811

*2017년 누적 기준

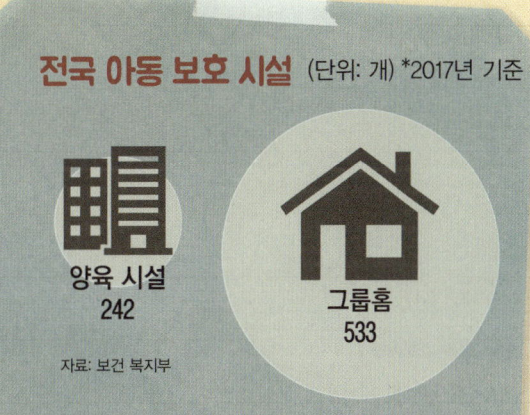

전국 아동 보호 시설 (단위: 개) *2017년 기준

- 양육 시설: 242
- 그룹홈: 533

자료: 보건 복지부

해마다 1천여 명의 시설 퇴소 아동들이 사회로 나오고 있어요. 성인이 되었다고 무작정 사회로 내몰기보다는 온전한 성인으로서 생활할 수 있도록 주거 및 교육에 대한 충분한 정부 지원이 필요해요. 사회 복지 제도가 다양한 방면으로 마련되어야 하는 이유가 바로 여기에 있답니다.

아동 복지는 왜 필요할까?

대한민국 어린이 헌장에는 '모든 어린이가 차별 없이 인간으로서의 존엄성을 지니고, 나라의 앞날을 이어 나갈 새사람으로 존중되며, 바르고 아름답게 씩씩하게 자라도록 하자.'고 선언하고 있어요. 또한 아동 복지법은 아동이 건전하게 출생하여 행복하고 건강하게 성장하도록 복지를 보장하고 있지요.

현대 사회는 급속히 발전하면서 가족의 구조도 다양하게 변하고 있어요. 예전에는 부모의 이혼, 사망, 가출 등으로 인하여 편부, 편모, 소년 소녀 가정 가구가 된 경우가 많았는데, 최근에는 부모와 같이 살지 않고 조부모, 친척 등과 함께 사는 결손 가정의 아동이 많이 생기고 있어요.

그래서 우리나라는 보호를 필요로 하는 아동의 정서적인 안정을 위해 일반 가정에서 자라도록 지원하는 가정 위탁 보호 사업을 시행하고 있어요. 부득이한 사정으로, 태어난 가정에서 자랄 수 없게 된 아동에게 건전한 가정을 오랫동안 제공하는 입양 사업도 지원하고 있고요. 또한 부모의 사망이나 질병 등으로 실질적으로 가정을 이끄는 아동이 자립 능력을 갖춘 건전한 사회인으로 자라도록 생활 보호를 제공한답니다.

뿐만 아니라 길을 잃고 헤매는 어린이가 무사히 부모의 품으로 돌아갈 수 있도록 돕는 것, 가족이 없는 어린이가 새로운 부모를 찾을 수 있도록 돕는 것, 나쁜 어른들 때문에 아파하는 어린이가 안전한 곳에서 보호받을 수 있도록 돕는 것도 모두 아동 복지예요. 결식 아동을 줄이기 위해서 장기 보호 시설 아동에 대하여 긴급 식품권이 제공되기도 한답니다.

일반 아동도 성격 및 정서 장애, 유기, 학대 등 그 피해가 점점 늘어나고 있어요. 따라서 가족 해체 등에 의해 보호가 필요한 아동을 위해서는 제도적인 방안이 국가 사회적 차원에서 마련되어야 할 필요가 있지요. 일반 아동들은 물론이고 시설 보호 아동, 소년 소녀 가정, 모자 가정 등

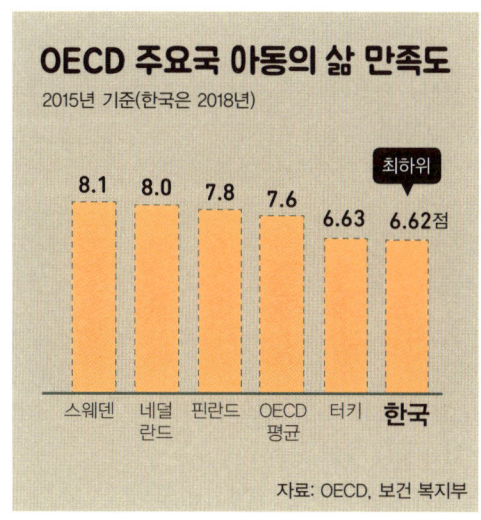

힘들어하는 아동들도 행복하고 안전하게 양육되고 그들의 인간다운 삶을 보장해 주어야 해요. 아동 복지법은 이러한 사회적 필요에 따라 아동들이 건강하고 행복하게 양육되도록 복지를 보장하기 위해 만들어진 것이랍니다.

우리나라 아동·청소년의 평균 행복 수준은 전반적으로 나아졌지만 경제 협력 개발 기구(OECD) 기준으로는 여전히 낮은 편이에요. 아동·청소년의 행복도는 소득 수준이 적을수록 낮았으며 가구 형태별로는 한 부모 가정이나 조손 가정이 양부모 가정보다 낮았지요. 모든 아이들이 건강하고 행복하게 자라기 위해서 나라의 복지 정책이 필요한 이유예요.

여러분은 아동을 위해 어떤 복지 혜택을 주면 더 행복해질 것 같나요?

가로세로 낱말 퀴즈

다음 설명을 읽고 가로세로 빈칸에 들어갈 말이 무엇인지 적어 보세요.

가로 열쇠

① 국민의 생활 향상과 사회 보장을 위한 사회 정책과 시설을 통틀어 이르는 말.
② 건강을 온전하게 잘 지키는 것으로 병의 예방, 치료 따위로 사람의 건강과 생명을 보호하고 증진하는 일을 말해요.
③ 몹시 가난한 계층.
④ 지위, 재산, 직업 따위에 따라서 나누어진 사회 계급의 층.
⑤ 위탁을 받아 일정 기간 보호가 필요한 아이들을 맡아 돌봐 주는 가정.
⑥ 부모의 한쪽 또는 양쪽이 죽거나 이혼하거나 따로 살아서 미성년인 자녀를 제대로 돌보지 못하는 가정.

세로 열쇠

Ⓐ 출산, 양육, 실업, 은퇴, 장애, 질병, 빈곤, 사망 따위의 사회적 위험으로부터 국민을 보호하고 국민의 삶의 질을 유지, 향상하는 데 필요한 소득과 서비스를 국가 및 지방 자치 단체가 보장하는 일.
Ⓑ 더할 수 없이 극진한 정성.
Ⓒ 사회적 지위가 비슷한 사람들의 층.
Ⓓ 건강에 유익하도록 조건을 갖추거나 대책을 세우는 일.
Ⓔ 부모가 사망하였거나 생존해 있어도 질병, 심신 장애, 가출, 이혼, 재혼 등으로 인하여 부모의 보호 및 부양을 받을 수 없는 만 18세 미만의 아동이 실질적으로 생계를 책임지고 있는 가정.

정답
① 사회 복지, ② 보건, ③ 빈민, ④ 계층, ⑤ 위탁 가정, ⑥ 결손 가정
Ⓐ 사회 보장, Ⓑ 정성, Ⓒ 계급, Ⓓ 보건, Ⓔ 소년 소녀 가장 가정

모두의 사회 복지, 어떻게 만들고 누릴까?

영웅이: 얘들아, 우리 또 어떤 분을 찾아서 발표 자료를 준비해 볼까? 좋은 생각 있어?

유미: 지금까지 사회 복지 혜택을 받고 있는 영웅이 엄마 그리고 우리 보육원 사회 복지사 선생님을 인터뷰했잖아. 내가 정리는 해 놓았어.

> 다음 인터뷰 내용은 내가 정리할게.
> 그런데 누구를 할지는 잘 모르겠어.
> 그냥 이 두 분만 한 걸로
> 정리하면 안 돼?

나연이

> 나도 나연이랑 같은 생각이야.
> 선생님도 몇 개 하라고 정하진 않았잖아.
> 대충 해서 발표하자.

이한이

> 사실 난 아무 생각 없어.
> 난 전학 온 지 얼마 안 돼서
> 이곳을 잘 모르기도 하고.

주성이

어라? 너희들 여기 모여 있었네? 마침 잘됐다. 추가 숙제를 마련했어. 형식은 자유 토론으로 할게.

사회 복지는 왜 필요할까? 우리나라는 복지 국가인가?

그러고 보니, 저 주제도 꼭 필요한 내용 같아. 사회 복지는 특별한 누군가를 위한 게 아니니까.

복지가 잘된 나라를 조사해 보면 어때?

선진국들은 복지가 다 잘되어 있더라. 우리나라도 선진국 아냐?

무조건 공짜로 해 주면 좋겠어. 돈 걱정 없이 살게.

공짜로 다 해 주면 나라가 가난해지는 거 아냐?

3장
어르신 복지 제도란 무엇일까?

외로운 할머니

"미자야, 미자야. 흑흑……."

이한이 할머니는 매일 밤마다 소리 내어 울어요. 얼마 전에 단짝처럼 늘 함께 다니던 정미자 할머니가 돌아가셨기 때문이에요.

정미자 할머니는 아들이 캐나다로 이민 가면서 혼자 살고 있었어요. 옆 동에 사는 이한이 할머니가 가족처럼 잘 챙겨 주며, 평소 노인 복지관 노래 교실에 다니거나, 취미 생활로 종이접기와 체조도 배우러 함께 다녔어요. 두 분은 시간 날 때마다 도서관에서 아이들에게 책 읽기 봉사, 복지관에서 김장 봉사를 했고, 새벽마다 아파트 주변을 청소하면서 부지런하게 살았어요.

어느 날 두 할머니가 노래 교실에 가기로 약속한 날이었어요. 시간이 되어도 정미자 할머니와 연락이 되지 않아 걱정이 된 이한이 할머니는 곧바로 정미자 할머니네로 달려갔어요. 집 안에 쓰러져 있던 정미자 할머니를 발견한 이한이 할머니는 바로 119에 신고했어요. 이한이 할머니는 입원한 정미자 할머니를 옆에서 정성껏 돌봐 주었어요. 하지만 정미자 할머니의 아들은 연락조차 되지 않았어요.

"어머니가 왜 그 할머니를 돌봐 주세요? 그분 자식도 연락 안 된다면서요."

"그럼 미자는 누가 챙기란 말이냐?"

이한이 할머니가 그렇게 애를 많이 썼는데, 정미자 할머니는 석 달도 되지 않아 돌아가시고 말았어요. 정미자 할머니의 장례를 치른 그날부터 할머니가 조금씩 이상해졌어요.

매일 밤마다 정미자 할머니가 보고 싶다고 어린아이처럼 울었어요.

"미자야, 미자야, 나도 데려가지. 왜 혼자 가 버렸냐?"

그때마다 이한이 아빠는 속상해했어요. 엄마와 아빠는 할머니를 걱정하면서도 회사 일이 바빠 제대로 이야기할 시간이 없었어요.

할머니의 외로움은 점점 더 심해졌어요. 봉사 활동은커녕 노인 복지관도 가지 않고 집에만 있었지요.

어느 날 할머니가 이한이에게 말했어요.

"이한아, 할머니 외롭고 심심하구나. 산책 나갔다 올까?"

평소 이한이는 할머니와 친구처럼 잘 지내는 편이에요. 그렇지만 이 날은 이한이가 귀찮다는 듯 대꾸하고 말았어요.

"할머니, 나 숙제해야 해요."

할머니는 이한이 누나에게도 말을 걸었어요.

"이영아, 할머니 옛날에 먹던 알사탕이 먹고 싶은데."

"할머니, 딱딱한 사탕 먹으면 이 부러져요."

누나가 시큰둥하게 답하자 할머니가 갑자기 짜증을 버럭 내며 소리쳤어요.

"예끼, 쟤는 누굴 닮아 말도 못되게 하는지. 너 화장이 그게 뭐야? 너만 젊어? 대학 다닌다고 자랑이라도 하는 거야?"

"할머니, 왜 갑자기 화를 내요?"

할머니는 손주들이랑 말이 통하지 않자 퇴근해서 돌아온 엄마를 향해 화를 냈어요.

"넌 바쁘다고 시어머니 속옷이 찢어졌는데 신경도 안 쓰는 거야?"

"어머니, 제가 지난주에 드린 용돈으로 새로 사세요. 설마 용돈 벌써 다 쓰신 거예요?"

"내가 돈도 못 번다고 무시하는 거냐? 이 나이에 내가 어디 가서 돈을 벌라는 거야?"

"어머니, 그런 말씀이 아니잖아요. 왜 저한테 자꾸 화를 내세요?"

속상한 엄마도 할머니를 향해 서운하다고 말했어요. 할머니와 엄마가 종종 다투기까지 했어요.

하루는 할머니가 아빠를 붙잡고 눈물을 흘렸어요.

"이제 내 나이면 저세상 갈 일밖에 더 남았냐? 돈도 못 벌고 몸도 점

파이브 히어로즈 특공대의 복지 상식

✓ 옛날에도 어르신을 위한 복지 제도가 있었을까?

가장 최초의 기록은 28년(신라 유리왕 5) 11월의 일로 왕이 고을을 순찰하는 중 얼어 죽을 지경에 처한 한 노인을 발견하고 "……이는 나의 죄이다."라며 옷을 벗어 덮어 주고 음식을 먹였으며, 관리에게 명하여 늙고 병들어 자기 힘으로 살아갈 수 없는 사람에게 먹을 것을 주게 한 것이에요.

고구려 118년(태조 66)에는 늙고 스스로 살아갈 수 없는 사람을 방문하여 입을 것을 준 일이 있었고, 고국천왕·고국원왕·보장왕 때에도 비슷한 예가 있어요.

백제 38년(다루왕 11)에는 가난하고 스스로 살아갈 수 없는 어르신들에게 곡식을 나누어 주었다는 기록이 있어요.

고려 시대에는 나라에서 60세 이상의 노인을 부양하고, 80세 이상인 어르신들을 모아 친히 맛있는 음식을 대접하고 잔치를 열어 주었다고 해요. 조선 시대에는 노인을 공경하고 우대하는 여러 시책과 제도를 마련하기도 했어요. 어르신들에게 쌀과 고기를 주기도 했지요.

점 안 좋아지니까 며느리가 자꾸 나를 무시하거나 하고. 손주들도 힘들게 키워 놓으니 나랑 말도 하지 않고."

"어머니, 일하고 들어온 사람한테 꼭 그런 말씀을 하셔야 해요? 친구분들 만나 맛있는 것도 사 드시고 예전처럼 노인 복지관 가서 배우고 싶은 것도 배우면서 지내세요."

"내가 이제 만날 친구가 어디 있냐? 가족보다 더 친했던 미자도 죽고, 살아 있는 친구가 몇이나 된다고? 고향 친구도 멀어서 이제 보지도 못하고."

할머니를 잃어버렸어요

할머니가 이상해진 후 이한이는 집에 낯선 사람이 살고 있는 것 같아 들어가기 두려울 때가 많아졌어요.

그러다 바로 그날, 일이 벌어지고 말았어요.

정미자 할머니가 돌아가시고, 방에서 꼼짝도 하지 않던 할머니가 이한이에게 함께 나가자고 몇 번이나 말했어요.

"할미랑 시장 좀 같이 가자니까?"

게임을 하고 있던 이한이는 대꾸하는 게 귀찮았어요.

"할머니 혼자 다녀와요. 나가기 싫어요."

"그러지 말고 바람 좀 쏘이고 오자. 대한이랑 나가고 싶어."

"할머니, 내 이름 잊어버렸어요? 왜 저를 대한이라고 불러요?"

이한이는 할머니가 이상하게 말하는 걸 장난친다고만 생각했어요. 할머니가 너무 졸라대는 바람에 이한이는 결국 할머니와 함께 밖으로 나갔어요.

마트에 도착한 이한이가 할머니에게 졸랐어요.

"할머니, 짜장떡볶이 해 주세요."

할머니는 가지를 물끄러미 바라보며 물었어요.

"우리 대한이 가지 좋아하는데 가지 반찬 해 주랴?"

이한이는 할머니에게 짜증을 내고 말았어요.

"할머니, 짜장떡볶이 해 달라니까요? 그리고 제가 무슨 가지를 좋아한다고 그래요?"

이한이는 할머니의 엉뚱한 소리 때문에 화가 났어요.

마트에서 이한이가 잠깐 휴대 전화를 보다가 고개를 들었을 때였어요. 할머니가 어디론가 사라졌어요.

"할머니?"

이한이는 할머니를 크게 불러 보았어요. 몇 번이고 전화해도 받지 않았어요.

'에잇, 짜증나. 할머닌 말없이 어딜 가신 거야?'

이한이는 집으로 가 버릴까 하다가, 할머니와 엇갈릴 수 있다는 생각에 마트를 돌아다녀 보기로 했어요.

"할머니, 할머니!"

그때 누군가와 부딪혀 과자들이 우르르 쏟아지고 말았어요. 마트에서 과자를 정리하고 있던 직원이었어요. 이한이는 급한 마음에 무심코 지나치려고 했어요.

"얘, 잘못을 했으면 사과를 해야지."

"죄송해요. 할머니를 잃어버려서 찾고 있어서요."

이한이는 뒤늦게 사과를 하고 할머니가 걱정되어 울상을 지었어요. 그 표정을 보고 직원이 물었어요.

"할머니를 잃어버린 거야? 전화는 해 봤니?"

"네, 몇 번이고 전화했는데 안 받으세요."

직원은 안내 데스크로 이한이를 데려가서 사정을 설명했어요.

"안내 말씀 드리겠습니다. 검정색 바지에 회색 티셔츠를 입은 문현지 할머니는 안내 데스크로 오시기 바랍니다. 손자 김이한 군이 애타게 찾고 있습니다. 주변에서도 할머니를 보신 분은 말씀 좀 전해 주세요."

결국 이한이는 할머니를 찾지 못하고 집으로 왔어요.

'도대체 어딜 가신 거야? 에이, 모르겠다. 알아서 오시겠지.'

이한이는 집에 아무도 없을 때 게임을 실컷 하고 싶었어요. 재빨리 누나의 방으로 들어가 컴퓨터를 켜고 게임에 빠졌어요.

저녁이 되어, 현관문 비밀번호 누르는 소리가 들렸어요. 그제서야 정신이 든 이한이는 서둘러 누나 방에서 나왔어요.

엄마는 이한이를 보자마자 잔소리부터 퍼부었어요.

"너 누나 방에서 나오는 모습이 수상해. 집에서 게임만 한 거야?"

"아니야."

이한이는 시치미를 뚝 뗐어요.

"할머닌 어디 가셨어?"

"몰라, 나도 짜증 나. 아까 마트 갔는데 할머니가 갑자기 사라졌어."

"뭐? 할머니 아직도 안 들어오신 거야?"

엄마가 할머니에게 전화를 걸어 보았지만 전화기가 꺼져 있었어요. 퇴근한 아빠는 이야기를 전해 듣고 불안해했어요.

"안 되겠어. 경찰에 신고부터 하고 와야겠어."

"어머니가 어린애도 아니고 들어오시겠죠."

옆에서 뒤늦게 들어온 누나도 걱정이 되었는지 한마디 거들었어요.

"아빠, 고모한테는 연락해 봤어요? 아니면 할머니 친구분들한테 한 번 해 봐요. 혹시 친구 만나러 가셨을 수도 있잖아요."

아빠가 전화해 보니, 할머니는 고모 집에도 가지 않았대요. 할머니의 친구들 연락처는 아무도 알지 못했고요.

그때 이한이의 휴대 전화가 울려 댔어요. 할머니의 번호였어요. 이한이가 가족들 모두 들으라고 스피커폰으로 바꿔서 전화를 받았어요.

"여보세요. 여기는 경찰서인데요. 길거리에서 헤매고 있는 어르신을 어느 친절하신 분이 경찰서로 모시고 왔어요. 집이 어디냐고, 연락처를 물어도 아무런 말씀을 하지 않으시네요. 부랴부랴 할머님 휴대 전화를 충전해서 뒤늦게 연락드립니다."

아빠와 엄마는 얼른 할머니를 모시러 나갔어요. 할머니는 집으로 들어오자마자 이한이를 끌어안으며 울먹였어요.

"아가, 어딜 갔던 거야? 네가 보이지 않아 엄마 무서워 죽는 줄 알았어."

할머니의 엉뚱한 말에 이한이가 한마디 하려는데 아빠가 눈짓을 하며 가만있으라는 신호를 보냈어요. 엄마와 아빠가 할머니를 방에 눕혀 드리자 할머니는 씻지도 않은 채 금세 잠이 스르르 들었답니다.

치매에 걸린 할머니

이한이는 밤에 아빠와 엄마가 대화하는 소리를 듣게 되었어요.

경찰서에서 할머니가 찍힌 CCTV 영상을 확보해 엄마 아빠에게 보여 주었대요. 할머니는 마트에서 나와 길을 잃어버렸어요. 할머니가 자리에 주저앉아 힘들어하자, 지나가던 시민이 경찰서까지 모시고 간 거였지요.

아빠가 엄마에게 물었어요.

  **파이브 히어로즈 특공대의 복지 상식**

✓ 노인의 날이 있다고?

심각한 사회 문제로 거론되고 있는 노인 문제에 대하여 세계적, 국민적 관심을 북돋아 주고 노인에 대한 공경과 감사한 마음을 새기기 위해 제정한 기념일이에요. 유엔이 정한 세계 노인의 날은 10월 1일이에요. 1990년 빈에서 열린 제45차 유엔 총회에서 10월 1일을 '세계 노인의 날'로 결의하고 행사를 진행했어요.
대한민국 노인의 날은 매년 10월 2일로, 1997년 제정한 법정 기념일이에요. 매년 10월을 경로의 달로 정하여 노인에 대한 공경 의식을 높이고 있지요. 1999년까지는 보건 복지부에서 주관하였으나, 2000년부터는 노인 관련 단체의 자율 행사로 개최되고 있답니다.

"근처 경찰서로 누가 모시고 갔으니까 다행이지. 어머님이 혼자 더 멀리 가시다가 사고라도 났어 봐. 진짜 생각만 해도 끔찍하네. 경찰 말로는 치매 검사를 한번 받아 보면 좋을 것 같다는데, 당신 요즘 어머니에 대해 느끼는 거 없었어?"

"당신도 알잖아요. 어머님이 요즘 나한테 짜증도 자주 내시고. 정미자 할머니 돌아가시고 부쩍 외로움을 많이 타셨잖아요."

"그동안 힘드셨던 것 같아. 앞으로 당신도 어머니한테 신경 좀 써."

"아니, 내가 놀면서 어머니께 신경을 안 쓴 거예요? 나도 회사 일 하고 들어오면 저녁이고, 애들 챙겨야 하고. 여기서 어머니까지 어떻게 신경 써야 하는데요. 그러는 당신은 집안일에 언제 한 번이라도 신경 쓰기나 했어요?"

결국 그날, 엄마와 아빠는 큰소리로 다투었어요. 이한이는 가만히 지켜볼 수가 없어 끼어들었어요.

"그만 좀 해. 마트에서 할머니가 사라져서 놀란 건 나라고. 엄마 아빠가 싸운다고 뭐가 달라져? 요즘 할머니가 이상하긴 했어. 나보고 자꾸 대한이라고 부르기도 하고."

"뭐? 대한이라고……? 넌 그런 말을 왜 이제 하는 거야?"

아빠는 애꿎은 이한이를 다그쳤어요.

"난 할머니가 나한테 장난치는 줄 알았지. 엄마랑 아빠야 말로 바쁘

다는 핑계로 나랑 할머니한테 관심도 안 줬잖아!"

사실 바쁜 엄마 아빠를 대신해서 이한이를 키워 준 건 할머니예요. 그래서 엄마보다 할머니가 더 편할 때가 많아요. 가끔 엄마 아빠한테 불만이 있어도 할머니가 잘해 주어 참았던 것도 많았어요.

다음 날 아빠와 엄마는 회사에 휴가를 내고 할머니를 병원에 모시고 갔어요. 할머니가 치매라는 진단 결과를 가족들은 쉽게 받아들이지 못했어요. 하늘이 무너지는 느낌이었어요. 그날부터 할머니는 이한이를 계속해서 대한이라고 불렀고 배고프다는 말을 자주 했어요.

"대한아, 엄마 배고파. 밥 좀 줘."

"어머니, 그만 좀 해요. 왜 이한이가 대한이에요? 대한이 형이 죽은 지 30년도 넘었다고요."

아빠가 자기 가슴을 내리치며 화를 냈어요.

"대한이가 죽었다고? 넌 누구냐? 네가 우리 아들을 죽인 놈이야?"

할머니는 아빠에게도 엉뚱한 말을 했어요.

"민국아, 대한이랑 자전거 타러 가면 안 된다."

"어머니, 제발 좀 그만해요. 나 때문에 대한이 형이 죽었다는 말을 하고 싶으신 거예요?"

아빠가 어린애처럼 엉엉 울었어요.

"아빠, 할머니 왜 그래? 대한이가 누군데 그래?"

이한이가 몇 번이고 묻자, 아빠가 어렵게 말을 꺼냈어요.

"아빠의 쌍둥이 형이야. 어렸을 때 아빠랑 같이 자전거 타고 가다가 사고가 나서 죽었어. 내가 형한테 같이 자전거 타러 가자고 졸라 대지만 않았어도 사고가 나지 않았을 텐데."

할머니가 치매라는 진단을 받은 날부터 엄마 아빠의 말다툼이 심해졌어요. 할머니를 누가 돌볼지 결론이 나지 않았기 때문이에요.

결국 저녁에 고모까지 와서 가족회의가 벌어졌어요. 당분간 아빠가 며칠 휴가를 더 내서 할머니를 돌보기로 했어요. 아빠의 휴가가 끝나면 엄마가 1시간 늦게 출근하고, 낮에는 고모가 돌보고, 저녁엔 아빠가 돌보기로 했지요. 주말엔 이한이와 누나까지 돌아가면서 챙기기로 했어요.

하루는 이한이가 집으로 들어왔는데, 참을 수 없는 지독한 냄새가 났어요. 할머니가 앉아 있던 소파가 흥건하게 젖어 있지 뭐예요.

이한이는 할머니랑 아빠에게 짜증이 났어요.

"아빠는 도대체 할머니만 두고 어디에 간 거야?"

"너희 아빠는 왜 안 들어오냐? 공장 일이 많아 오늘도 늦나 보네."

할머니가 말하는 아빠는 할아버지를 말하는 거였어요. 아빠 얘기로는 할아버지는 평생 연탄 공장에서 일했고, 할머니도 연탄 배달을 하면서 일을 거들었대요.

할머니가 이한이를 빤히 보고 웃으며 말했어요.

"우리 대한이 학교 잘 갔다 왔어? 아유, 내 새끼."

"할머니, 오줌 냄새 심해요. 옷 갈아입어야겠어요."

하지만 할머니는 멍하니 이한이만 바라보았어요.

"할머니, 옷 갈아입혀 드릴게요. 제가 도와준다고요."

"난 이 옷이 좋아."

"옷에서 냄새 나요. 얼른 갈아입으러 들어가자고요."

이한이가 할머니의 팔을 잡아끄는데 할머니의 힘이 평상시와 달랐어요. 어찌나 힘이 센지 꿈쩍도 하지 않았어요.

 그때 아빠가 현관문을 열고 집으로 들어왔어요. 아빠는 할머니가 오줌까지 싼 걸 보고는 깜짝 놀랐어요. 하지만 묵묵히 소파를 닦고 할머니 옷을 갈아입혔지요.

 그날 저녁 할머니 방으로 들어간 엄마가 소리치며 아빠를 불렀어요. 깜짝 놀란 아빠랑 이한이가 동시에 할머니 방으로 갔어요. 할머니가 꿀을 얼굴에 바르고 있었어요.

 "어떠냐? 화장이 곱게 잘되었지?"

할머니 때문에 조용한 날이 없었어요. 엄마도, 아빠도 예민하고 날카로울 때가 많았어요. 이한이는 그때마다 심장이 쪼그라드는 것처럼 겁이 났어요.

할머니를 누가 모셔야 하나?

"엄마, 조별로 발표 준비할 게 있는데 우리 집에서 하면 안 돼?"

"뭐? 애가 정신이 있는 거야? 할머니 때문에 힘든 거 몰라? 아니, 이건 또 무슨 냄새야?"

할머니 방에 들어간 엄마가 날카로운 목소리로 말했어요. 엄마 얼굴은 지칠 대로 지쳐 있었어요.

"똥오줌을 못 가리게 되면 집에서 돌본다는 게 불가능해. 난 못 할 것 같아."

"어떡하라는 거야? 어머니를 모실 사람이 우리밖에 없는데."

아빠가 큰 소리로 엄마에게 대꾸했어요. 엄마도 지지 않았어요.

"당신 기억 안 나? 우리 친정 엄마가 어떻게 살았는지 내가 똑똑히 말했잖아. 게다가 난 다음 달에 승진 시험까지 있어. 나도 힘들다고."

"당신이 일할 수 있었던 거, 어머니가 계셔서 가능했던 거잖아. 이제는 우리가 어머니를 보살펴야 하지 않아?"

"왜 나한테만 희생하라고 해? 친정 엄마가 자식들에게 바라는 소원이 뭔지 당신 잊었어? 엄마처럼 살지 말라고 몇 번이나 말했잖아."

과학 연구소에서 일하는 엄마는 정년 퇴임까지 다니고 싶어 해요. 공개 수업을 해도, 이한이가 아파도 엄마가 오는 날이 없었어요. 언제나 할머니가 오셔서 이한이를 외롭지 않게 해 주었지요.

이한이 엄마가 일을 그만두지 못한 건 사실 외할머니 때문이기도 해요. 이한이 외할머니는 치매에 걸린 시어머니를 7년 이상 모셨어요. 그러면서 외할머니는 우울증까지 오고 지금은 많이 아파요. 외증조 할머니가 돌아가시고 외할머니는 지금 요양 병원에 입원해 있지요.

엄마가 눈물을 흘리며 아빠에게 말했어요.

"난 딸인데도 엄마를 돌봐주지 못하고 있어. 친정 오빠들하고 의논해서 우린 엄마를 요양 병원에 모셨잖아. 치매 환자는 가족들끼리 해결하면 안 되는 거 몰라?"

"당신 지금 그걸 말이라고 해? 엄마를 요양 병원에 모시자는 거야?"

아빠는 엄마의 말을 받아들이기 힘들어했어요. 서운하게만 생각하고 화를 버럭 내며 밖으로 나가 버렸지요.

치매에 걸린 할머니를 가족들이 돌보는 게 맞는지, 아니면 외할머니처럼 요양 병원으로 보내야 할지 판단을 쉽게 내릴 수 없었어요.

이한이는 할머니를 생각하니 마음이 아팠어요. 친구처럼 지내던 할머니가 집에 계시지 않는다고 생각하니 눈물이 쏟아졌어요.

우리나라의 노인 복지 현황

한국의 고령화는 전 세계적으로도 비교 대상을 찾기 힘들 정도로 빠르게 진행 중이에요. 한국은 2000년 고령 인구 비중 7%를 기록하며 '고령화 사회'에 진입했는데 불과 17년 만에 다음 단계인 '고령 사회(14%)'로 진입했어요. 일본의 경우 24년(1970~1994년)이 걸린 점을 감안하면 한국의 고령화는 매우 빠른 속도로 진행된 셈이지요. 의료 발달로 평균 수명은 늘어났지만, 노인성 치매 환자 수도 그만큼 늘고 있어서 사회 문제로 대두되고 있는 상황이에요.

껑충 뛴 노령화 지수
(유소년 인구 대비 고령 인구 비율)

1995년	2000	2005	2010	2015	2016	2017
25.8	35.0	48.6	69.7	95.1	100.1	107.3

자료: 통계청(2015~2017년은 전수 조사 방식으로 집계)

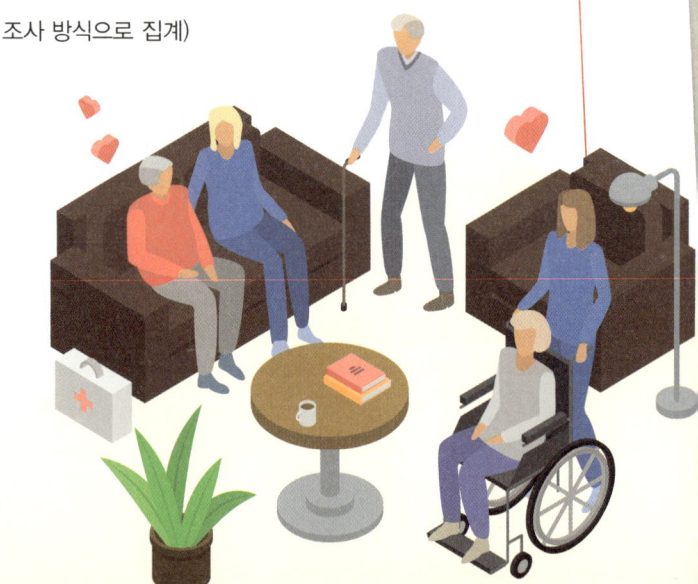

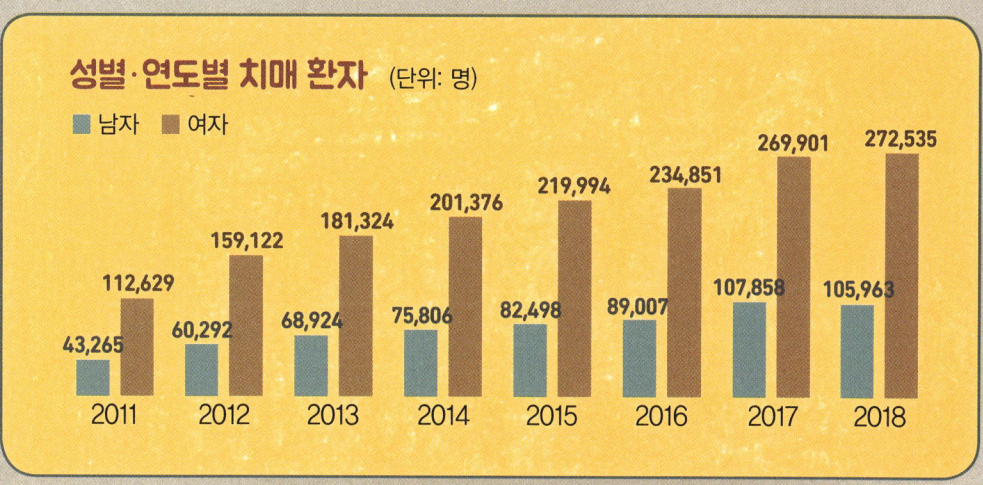

성별·연도별 치매 환자 (단위: 명)

- 남자 / 여자

연도	남자	여자
2011	43,265	112,629
2012	60,292	159,122
2013	68,924	181,324
2014	75,806	201,376
2015	82,498	219,994
2016	89,007	234,851
2017	107,858	269,901
2018	105,963	272,535

치매 발생 현황

자료: 건강 보험 심사 평가원

연도별 환자수		연도별 1인당 진료비
22만 명	2009년	257만 원
26만 명	2010년	277만 원
31만 명	2011년	285만 원
36만 명	2012년	299만 원
41만 명	2013년	314만 원

2019 보건 복지부 통계 중 치매 관련 분야를 보면 치매 환자는 매년 증가 추세에 있는 것으로 나타났어요. 2018년 의료 기관에서 치매 진단을 받고 보건소에 등록된 치매 환자는 37만 8498명으로 전년 대비 741명 증가했지요. 노인 인구 증가에 따라 치매, 뇌졸중 등 노인성 질환 장애로 도움이 필요한 노인을 위해 운영 중인 노인 장기 요양 기관은 매년 증가하고 있어요. 2011년 2489개이던 노인 요양 시설은 2018년 5320개로 늘었지요. 노인 요양 공동 생활 가정도 같은 기간 1572개에서 1931개로 증가했고요. 연령대별 구성비를 보면 70세 이상에서 1인 가구의 비율이 가장 높아 이를 고려한 치매 정책의 발굴이 중요하다는 판단이에요.

토론왕 되기!

치매에 걸린 할머니를 과연 누가 돌봐야 할까?

평균 수명이 연장되면서 노인층 인구는 크게 늘어났으나 노화에 따른 건강 문제, 퇴직과 실업에 따른 경제적 어려움, 사회적 역할 상실에 따른 고독감 등으로 힘들어하고 있어요. 우리나라는 핵가족화가 급속하게 확산되면서 노인 문제가 심각해지고 있는 상황이에요.

어떤 문제가 있고, 우리나라는 어떤 제도로 이 문제를 해결하려고 하는지 두 친구의 대화로 알아볼까요?

일할 수 없는 할머니, 할아버지 들한테는 나라에서 생활비를 드려야 할 것 같아. 일하고 싶어 하시는 분들한테는 일자리도 제공하고.

지금도 지하철은 만 65세 이상은 무료로 타고 다니시잖아. 그건 참 좋은 것 같아.

예전에는 형제도 많아서 부모가 나이 들면 함께 경제적 부담을 지면 되지만, 이제는 그럴 수 없으니 나라에게 책임지는 게 맞는 것 같아.

우리 할머니처럼 치매 노인을 집에서 무조건 모시는 건 어려운 일이야. 엄마 아빠는 다 일하러 다니시는데.

네덜란드에는 치매 노인이 사는 마을이 있대. 그분들이 환자처럼 병원에 있는 게 아니라, 평소처럼 생활할 수 있게 마을을 구성한 거지. 마을 곳곳에 CCTV를 설치하고 전문 강사와 자원봉사자들, 의료진들이 함께 도우면서 산대.

 우리나라도 그런 곳이 있으면 엄마 아빠 마음도 좀 편해지실 텐데.

 우리나라도 예전보다 노인 복지에 신경 많이 쓰는 중이래. 전국적으로 노인 복지 회관도 많고. 좀 더 편하게 모실 수 있는 요양 병원도 있대.

 아빠가 알아봤는데, 그런 병원은 돈이 많이 든대. 무엇보다 매일 할머니랑 같이 지냈는데, 병원으로 모시면 자주 못 보잖아. 난 그게 제일 속상해.

 이한이 너, 진짜 속상하겠다. 이번 인터뷰 자료 만들 때 네 고민도 함께 넣어 보자. 노인 복지에 대한 부분도 같이 찾아보고.

이제 노인 문제는 더 이상 개인적인 영역이 아니라 사회적 문제이자 책임으로 볼 수 있기 때문에 가족과 지역 사회, 국가적 차원에서 여러 가지 방법을 생각해야 해요. 만약 이런 일이 생기면 어떻게 하면 좋을지 부모님과 함께 이야기를 나눠 보도록 해요.

O, X 퀴즈

노인 복지에 관한 다음 설명 중 맞는 내용에는 O, 틀린 내용에는 X로 표시해 주세요.

1 인간이라면 늙는 게 당연하므로 노인 복지는 따로 신경 쓸 필요가 없다.

2 우리나라는 매년 10월 2일을 노인의 날로 정해서 노인에 대한 공경 의식을 높이고 있다.

3 덴마크에는 치매 노인을 위한 마을이 있다.

4 우리나라는 70세 이상 1인 가구의 비율이 가장 높아 이를 고려한 치매 정책의 발굴이 중요하다.

정답: ①X, ②O, ③X, ④O

 주성이와 유미의 못다한 이야기

'파이브 히어로즈 특공대' 아이들이 모여 회의를 했어요.

"이번엔 누구를 인터뷰해 볼까? 이한아, 너희 할머니 인터뷰하면 안 돼? 복지 회관 자주 다니시니까 얘기해 주실 게 많을 것 같은데."

영웅이의 물음에 이한이가 재빨리 화살을 나연이에게 돌렸어요. 할머니 얘기를 친구들에게 말하기가 껄끄러웠거든요.

"나연아, 너희 집에서 먼저 하면 안 될까?"

"우리 집? 사실은……. 엄마한테 물어보고 얘기해 줄게."

나연이가 말을 하다 말고 뜸을 들였어요.

다음 날, 수업이 끝나고 나연이는 아이들을 불러 모아 용기를 내어 말했어요.

"우리 집은 좀 특별해. 우리 오빠가 지적 장애를 갖고 있어. 나보다 세 살 많은 오빠인데 정신 연령이 좀 낮아."

그때 영웅이가 나서서 거들었어요.

"임나연, 힘들면 너무 애쓰지 마."

"아니야, 장애 복지에 대해 알면 조사에 도움이 될 것 같아 엄마에게 말했어. 이번에 영웅이와 유미 보면서 나도 용기를 얻었거든."

"장애 복지? 복지관보다 부모님이 더 많은 얘기를 해 주실 것 같긴 하다. 고마워, 나연아."

영웅이가 맞장구쳐 주었어요. 그때 주성이가 인상을 팍 찌푸리며 비꼬는 투로 한마디 내뱉었어요.

"아, 지겨워. 너희들끼리 친구 놀이 실컷 해라. 난 갈래."

주성이는 아이들을 뒤로 하고 그 자리를 떠났어요. 사실 갈 곳이 마땅치 않아 태권도 학원 근처에 있는 공원으로 향했어요. 유미가 뒤따라 달려왔어요.

"야, 최주성? 걸음이 왜 그렇게 빠른 거야?"

"넌 왜 나를 따라오는데?"

"착각하긴, 나도 너랑 같은 태권도 다니는 거 몰라?"

태권도 학원 수업이 끝나고 학원 버스가 아이들을 청솔 지역 아동 센터 앞에 내려 주었어요. 유미와 주성이는 지역 아동 센터로 들어갔어요. 고학년 아이들은 도서관과 연계된 선생님이 책을 읽어 주는 수업을 하고 있었어요.

그때 누군가 센터 문을 열고 들어왔어요. 호기심이 많은 아이들의 얼굴이 모두 문 쪽으로 향했어요. 주성이도 고개를 돌렸다가 원장님 옆에 서 있는 사람을 보고 깜짝 놀랐어요.

원장님이 아이들을 불러 모았어요.

"얘들아, 여기 좀 모여 봐. 오늘부터 주방에서 요리를 함께해 주실

파이브 히어로즈 특공대의 복지 상식

✓ **문화 복지 프로그램 <도서관과 함께 책 읽기>**

전국 도서관마다 지역 아동 센터와 연계하여 '도서관과 함께 책 읽기'를 운영하는 곳이 늘어나고 있어요. 정보 취약 계층 어린이들에게 독서 활동의 즐거움을 알리고 다양한 문화를 체험할 수 있는 기회를 제공하는 프로그램이에요.
사서 및 전문 강사가 지역 아동 센터에 직접 방문해서 책을 읽고 만들기, 토론 등 다양한 독후 활동을 진행해요. 도서관 방문이 어렵고 문화 혜택이 적은 정보 취약 계층 어린이들이 도서관과 문화에 대한 관심을 갖고, 독서 습관을 형성하는 데 도움을 주려고 만든 프로그램이랍니다.

이모님이야. 이분은 우리와 함께 생활하는 주성이 어머님이지. 베트남 분인데 한국말을 잘해요."

주성이는 엄마를 보고 반갑게 아는 척하지 못했어요. 아이들만 쫑 알거리며 떠들어 댔지요.

"고구마튀김 해 주세요."

"떡꼬치 해 주세요."

주성이 엄마는 어눌한 말투지만 아이들 앞에서 당당하게 말했어요.

"앞으로 잘 부탁해요. 많이 도와드리고 싶어요."

그날 저녁으로 베트남 쌀국수가 나왔어요. 주성이 엄마가 솜씨를 발휘한 것이지요. 유미가 주성이 옆에 앉아 슬며시 말을 걸었어요.

"너희 엄마 음식 진짜 잘하신다. 쌀국수 맛있어."

주성이는 대꾸도 없이 입을 꾹 다물고 먹기만 했어요. 유미는 그런 주성이에게 계속해서 말을 걸었어요.

"주성아, 이번에 너희 엄마를 인터뷰하면 어떨까? 다문화 복지에 대해 알아보면 좋잖아."

그때 주성이가 눈을 부라리며 갑자기 소리를 질렀어요.

"야, 너 자꾸 까불래?"

순간 유미는 깜짝 놀라 눈이 커졌어요. 지역 아동 센터 아이들뿐만 아니라 원장님과 이모들까지 놀라서 물었어요.

"주성이랑 유미랑 왜 그래? 무슨 일이야?"

주성이는 대답 없이 벌떡 일어나 밖으로 나가 버렸어요. 유미가 바로 주성이를 따라갔어요.

센터 인근 공원에서 주성이를 붙잡은 유미는 주성이의 마음이 어떤지 조금은 알 것 같다며 조용히 자기 이야기를 들려주었어요.

몇 년 전에 유미가 다니는 보육원 근처에 대단지 아파트가 생기면서 나리 초등학교도 새롭게 지어졌어요. 그런데 나리 아파트 입주 학부모들이 청솔 보육원 아이들과 같은 학교를 보낼 수 없다면서 구청에 민원을 넣었지 뭐예요. 비싼 아파트에 입주하는데 자녀들이 보육원 아이들과 공부하면 안 좋을 것 같다면서요.

청솔 보육원 원장님과 사회 복지사들은 아이들을 나리 초등학교에 보내지 않았어요. 거리가 멀어도 마음 편히 다닐 수 있는 지금 학교에 보냈지요.

"보육원에 산다고 색안경을 끼고 보는 어른들이 얼마나 많은지 알아? 잘못한 것도 없는데 진짜 너무하지 않냐?"

"사실은 나도 지난번 학교에서 비슷한 일이 있었어. 엄마가 베트남 사람이니까 친구들이 좀 꺼려하는 것 같더라고. 아무리 사회 복지가 잘되어 있어도 편견은 어쩌지 못하나 봐. 아까 나도 모르게 소리 질러서 미안해, 유미야."

주성이와 유미는 서로의 고민에 대해 이해하고 한층 친해져서 센터로 돌아왔어요. 그리고 주성이는 모두에게 사정을 설명하고 사과를 했답니다.

시위 현장에는 어떤 일이 있었나?

다음 날, 나연이가 아이들에게 말했어요.

"엄마가 허락하셨어. 우리 집으로 가자."

나연이가 아이들을 데리고 걸어가는데, 중학교 앞에 많은 사람들이 모여 시위를 벌이고 있었어요. 한바탕 소동이 벌어진 것처럼 어수선한 모습을 보고 영웅이가 물었어요.

"무슨 일이지? 사람들이 피켓도 들고 있어."

"엄청 시끄럽네."

나연이와 아이들은 근처로 다가갔어요. 그곳엔 현수막이 몇 개 걸려 있었어요. 직업 교육이 필요한 발달 장애인에게 교육 프로그램을 제공하는 능력 개발 센터를 짓고 있는 공사 현장이에요. 공사 장비를 옮기려다 거세게 반대하는 주민들 때문에 아직 공사를 시작조차 하지 못하고 어려움을 겪고 있었어요.

'발달 장애 학생 직업 능력 개발 센터' 공사 중단하라!
장애인 시설 짓지 마라. 반대한다! 반대한다!
우리 중학교에 혐오 시설 절대 반대!

유미가 노인들을 가리키며 말했어요.

"저기 할머니, 할아버지가 들고 있는 피켓 좀 봐. 여기에 요양 병원이 들어서기를 바라고 있나 봐."

이한이는 순간 아픈 할머니를 생각하니, 요양 병원이 있는 것도 나쁘지 않을 것 같았어요. 하지만 차마 아이들 앞에서 내색하지 못했어요.

이번엔 영웅이가 젊은 엄마들을 가리키며 말했어요.

"저기 젊은 엄마들은 어린이들을 위한 놀이 공간이 생기기를 바라는 것 같은데?"

"중고등학생 누나, 형들은 청소년들을 위한 공간이 생기면 좋겠다고 피켓을 들고 있네."

주성이는 집에 오면 방에 틀어박혀 꼼짝도 하지 않는 형을 떠올리며, 청소년을 위한 공간이 있는 것도 나쁘지 않겠다는 생각이 들었어요. 나중에 주성이도 이용할 수 있고요.

방송국 카메라가 여러 대 보였어요. 피켓을 들고 시위를 하던 어른들 몇 명이 토해 내듯 인터뷰를 했어요.

"우리 지역은 가뜩이나 경제가 어려운데 장애인 시설이 들어서면 더 나빠질 거예요. 아이들의 안전 문제와 교통량 증가는 어떻게 할 건지 대책도 없이 장애인 시설을 지으면 어떡합니까? 게다가 이런 시설이 들어서면 무엇보다 집값이 떨어지는 경우가 많단 말이에요."

 "지적 장애가 있는 아이들은 무슨 행동을 할지 알 수 없어서 위험한 거 아닌가요? 우리 아이들의 안전은 누가 책임지나요? 실제로 당신들 집 옆에 발달 장애인이 100명 가까이 있는 시설이 들어선다면 과연 찬성할 수 있을지 묻고 싶어요."

 어른들의 인터뷰 모습을 유심히 보고 있는데, 다른 한쪽에서는 무릎을 꿇고 있는 어른들과 장애 아이들의 모습이 보였어요. 몇몇 장애 아이를 둔 엄마들은 피켓을 들고 있었지요.

> 장애인 시설은 혐오 시설이 아닙니다.
>
> 장애 아이들도 직업 훈련을 통해 꿈을 키우게 해 주세요.
>
> 장애인들도 경제 활동을 할 수 있는 권리가 있습니다.

그때 나연이가 소리를 지르며 누군가를 향해 달려갔어요.

"엄마, 엄마가 여기서 뭐 하는 거야? 왜 오빠까지 여기 있는데?"

 **파이브 히어로즈 특공대의 복지 상식**

✓ 장애인 시설이 정말 혐오 시설인가요?

'님비(NIMBY)'라는 말을 들어 본 적 있나요? 'Not In My BackYard(내 뒷마당은 안 돼.)'의 앞 글자를 딴 말로, 공공의 이익이긴 하지만 자신이 속한 지역에는 이롭지 않은 일을 반대하는 현상을 말해요. 보통 쓰레기 소각장, 장애인 시설, 노숙자 시설, 공항, 화장장, 교도소, 버스 차고지, 공동묘지, 축사, 유기 동물 보호 센터, 임대 주택 시설이 들어서는 걸 반대하지요. 장애인 복지를 위한 시설은 장애인뿐만 아니라 가족을 위해 꼭 필요한 시설인데도, 장애인에 대한 편견 때문에 반대하는 경우가 종종 있어요.

이 모든 것이 우리 사회를 건강하게 만들어 나가는 데 꼭 필요함에도 사람들은 내 지역에서만큼은 받아들이고 싶어 하지 않아요. 이 문제는 사회 구성원의 합의가 필요한 일인 만큼 서로를 이해하는 마음이 우선시되어야 해요.

"나연아, 오빠 데리고 집으로 가 있어. 엄만 좀 있다가 갈게."

나연이는 화가 단단히 나서는 아이들을 향해 말했어요.

"어른들 진짜 너무하지 않니? 장애인들이 뭘 그렇게 잘못했다고. 여기에 그런 시설이 들어서는 게 잘못된 건 아니잖아? 장애를 가진 우리 오빠도 대한민국의 국민이잖아."

그때 주성이가 용감하게 나연이 엄마의 옆으로 다가가 피켓을 들고 외쳐 주었어요.

나연이 엄마가 주성이를 향해 말했어요.

"나연이 친구니? 용감한 행동 고마워. 하지만 이건 어른들이 해결할 일이란다. 어린 너희들이 감당하기엔 힘든 일이야."

이어서 나연이 엄마가 나연이에게 말했어요.

"나연아, 오빠 데리고 친구들하고 집으로 먼저 가 있어. 부탁이야."

나연이는 오빠를 일으켰어요. 오빠는 나연이가 손을 내밀자 아기처럼 손을 꼭 잡았어요.

 나연이 오빠

나연이가 아이들에게 오빠를 소개해 주었어요.

"애들아, 우리 오빠야. 이름은 임상윤이야. 오빠 데리고 우리 집으로 가자."

나연이는 오빠의 팔짱을 낀 채 절대 놓지 않았어요. 그때 갑자기 유미가 소리쳤어요.

"나연아, 너희 오빠 코피 나."

나연이가 재빨리 가방에서 휴지를 꺼내 오빠의 코를 닦아 주었어요.

"오빠가 코피가 잘 나. 그래서 내가 자주 휴지를 끼워 줘. 아까 너무 힘들었나 봐."

갑자기 상윤이가 어린애처럼 나연이에게 떼를 썼어요.

"과자 사 줘. 과자 먹고 싶어."

"돈 없어서 안 돼. 그리고 과자는 집에 가서 밥 먹고 먹는 거야."

나연이는 오빠가 떼를 써도 당황하지 않고 차분하게 잘 달랬어요.

그런데 갑자기 상윤이가 가방과 겉옷을 벗어 바닥에 팽개쳤어요. 그러더니 앞으로 쌩하고 달려가지 뭐예요. 아이들이 서둘러 상윤이 뒤를 쫓았고, 주성이가 상윤이의 가방과 옷들을 주워 들고 따라갔어요.

상윤이는 놀이터를 향해 뛰어갔어요. 나연이가 양손을 확성기처럼 입에 갖다 대고 소리를 질렀어요.

"오빠, 지금 노는 시간 아니야! 얼른 나와!"

여기저기 마음대로 뛰어다니는 상윤이를 아이들이 잡으러 다녔어요.

이한이가 숨을 헉헉거리며 말했어요.

"너희 오빠 진짜 빠르다."

"오빠 체력 기른다고 매주 등산 다녀. 달리기가 얼마나 빠른지 몰라. 붙잡으러 다니다 지친다니까."

상윤이가 그네에 올라타자 주성이가 다가가 천천히 밀어 주었어요. 옆에서 영웅이도 함께 도와주었어요. 그런데 나연이가 주성이와 영웅이를 나무랐어요.

"야, 너희까지 같이 놀면 어떡해? 얼른 집에 가야지."

하지만 상윤이는 계속 놀이터에서 놀고 싶은 눈치였어요.

"나연아, 너네 오빠도 놀고 싶어 하는데 우리도 좀 놀다 갈까? 어차피 너희 엄마는 더 있어야 오시잖아."

유미의 말에 나연이가 조심스럽게 이유를 설명했어요.

"사실 오빠랑 놀이터에서 안 좋은 추억이 있어. 놀이터에 가면 오빠를 놀리던 나쁜 오빠들이 몇 명 있었어. 그래서 난 오빠랑 놀이터 가는 걸 안 좋아해."

"나연아, 충격 받고 상처받은 마음은 좋은 기억으로 극복해야 된대. 쌓아 두면 병 생기는 거라고 했어."

영웅이도 나서도 한마디 거들었어요.

"그걸 어려운 말로 '트라우마'라고 하는 거야. 나도 어릴 때 엄마한테 이모라고 불렀던 것 때문에 힘들었는데 상담을 통해 극복했거든. 나연이가 갖고 있는 놀이터 트라우마를 극복하도록 우리가 도와주자. 어려울 때 서로 도와주는 게 사회 복지잖아."

나연이가 눈물을 닦고 미소를 보였어요.

"그럼 너희를 한번 믿어 볼까?"

"너도 오랜만에 놀이터에서 실컷 놀아. 우리가 옆에서 같이 오빠 돌

봐 줄게."

유미가 나연이의 등을 토닥여 주었어요. 아이들은 나연이 남매와 즐겁게 놀기 시작했어요.

상윤이는 그네 타는 것만 좋아하고 미끄럼틀이나 시소 타는 걸 무서워했어요. 자기가 좋아하는 놀이에는 관심을 많이 보이고, 관심이 없으면 눈길 한 번 주지 않았지요.

"재미없어. 집에 갈래."

갑자기 흥미를 잃은 상윤이가 화를 내며 놀이터 밖을 향해 걸어 나갔어요. 나연이가 얼른 팔을 붙잡았어요.

"혼자 가면 안 된다고 했지? 우리랑 같이 가."

나연이는 아이들과 함께 상윤이를 데리고 집으로 왔어요. 상윤이는 집에 오자마자 신발을 벗고 욕실로 들어가 손을 깨끗이 씻었어요. 나연이가 아이들을 향해 웃으며 물었어요.

"우리 오빠가 가장 잘하는 거야. 귀엽지 않아? 우리 오빠는 손톱을 깨무는 버릇이 있어서 손이 깨끗해야 하거든. 다행히 손 씻기를 가장 잘해 마음이 놓여."

나연이는 오빠를 마치 동생처럼 잘 챙겼어요.

"오늘 나 따라다니느라 힘들었지?"

유미가 방긋 웃으며 대답했어요.

"나연아, 너 진짜 좋은 동생 같아. 솔직히 난 네가 부러웠거든. 엄마가 너를 가끔 데리러 오는 것도, 간식을 사 주는 것도. 평범한 집에서 투정부리면서 크는 아이인 줄 알았어."

이번엔 영웅이가 조장답게 나연이를 향해 물었어요.

"혹시 장애 복지 제도에 대해 바라는 거 없어?"

"바라는 게 왜 없겠니? 사실 우리도 언제 장애가 생길지 모르잖아. 난 우리 동네에 오빠가 혼자 마음대로 다닐 수 있는 센터가 생기고, 차별받지 않는 게 소원이야."

아이들은 나연이 엄마가 오기 전까지, 상윤이와 블록 놀이도 하고 장난감으로 함께 놀아 주었어요. 오늘만큼은 나연이도 마음 편하게 웃을 수 있었답니다.

장애인을 위해 할 수 있는 일

나연이 엄마가 집으로 들어오자마자 아이들과 상윤이가 노는 모습을 보고는 눈시울을 붉혔어요.

"나연이가 친구들도 데려오고, 친구들이 상윤이랑 놀아 주고. 이제야 아이들 키우는 집이라는 실감이 나네. 아줌마가 고맙구나."

아이들이 멋쩍어 했어요. 영웅이가 웃으며 말했어요.

"저희도 형이랑 노니까 즐거웠어요."

나연이 엄마가 영웅이의 머리를 쓰다듬어 주었어요.

"나연이가 동생인데도 양보하고 희생하면서 살아야 하는 게 많았거든. 아무래도 신체가 불편한 오빠를 먼저 신경 쓰게 되니까 동생으로서 많이 힘들었을 거야. 너희들은 오늘 시위 현장을 보면서 어땠니?"

이번에도 영웅이가 먼저 답했어요.

"저는 좀 놀랐어요. 어른들은 아이들에게 차별 없는 세상을 만들어야 한다고 가르치면서 장애인 시설이 들어서는 걸 무조건 반대하는 게 이해되지 않았어요."

이번엔 이한이가 조심스럽게 말했어요.

"저는 그 자리에 장애인 시설이 생기는 걸 무조건 찬성만 하지는 않아요. 장애인 시설이 들어서도 괜찮지만, 우리 동네에 장애인이 많은지, 어르신이나 청소년이 많은지 조사해서 필요한 시설이 들어서야 한다고 생각해요."

아이들은 이한이가 진지하게 말하는 걸 처음 보았어요.

"사실 제가 한 번도 말을 못 했는데요. 할머니가 치매라서 요즘 엄마 아빠가 요양원이나 요양 병원을 알아보고 있는데 가까운 곳에 없어 걱정하고 있어요. 저는 할머니를 생각해서 어르신들을 위한 요양 병원이 생기면 좋겠다고 생각했거든요."

"훌륭한 생각이야. 아줌마도 그 자리에 반드시 장애인 시설이 생겨야 된다고 우기는 게 아니었어. 이미 센터가 다 건립되기로 확정되었는데, 무조건 반대만 하는 억지스러운 어른들 때문에 화가 난 거야. 사실 상윤이는 선척적인 장애를 갖고 태어났지만, 우리 주변엔 후천적으로 장애가 생겨 불편함을 갖고 살아 가는 사람들도 많거든."

이번엔 평소 말이 별로 없는 주성이가 나섰어요.

"맞아요. 우리도 언제 장애를 갖게 될지 모르는 거잖아요. 궁금한 게 있는데요. 웬만한 학교에는 특수 학급이 있지 않나요?"

"모든 학교에 특수 학급이 있는 건 아니야. 특수 교사가 턱없이 부족하거든."

주성이가 이번엔 아이들을 향해 말했어요.

"예전 학교에 장애를 가진 친구가 있었어. 이름이 정민이었는데 내가 매일 가방을 들어 주었거든. 그런데 몇몇 아이들이 그 친구의 공책, 연필을 빼앗아서 돌려주지 않았어. 정민이는 왼쪽 팔다리를 잘 쓰지 못하는데 애들이 흉내를 내며 놀린 적도 있어. 그때 정민이 엄마가 특수 학교로 전학 가려고 알아보았는데 지금은 어떻게 되었는지 모르겠어. 내가 먼저 전학을 왔으니까."

나연이가 주성이를 향해 조심스럽게 물었어요.

"최주성, 넌 이 동네로 왜 이사 온 거야?"

"사실 나도 애들한테 놀림을 많이 당했어. 우리랑 아무도 놀아 주지 않으니까 나랑 정민이랑 어울리며 친하게 지낼 수밖에 없었거든."

"주성아, 앞으론 걱정하지 마. 우리가 똘똘 뭉쳐서 너랑 잘 다닐 거니까."

영웅이가 조장답게 말하면서 '파이브 히어로즈 특공대'라고 크게 외치자, 나머지 아이들도 큰 소리로 따라 했어요.

"우리는 파이브 히어로즈 특공대!"

그 모습을 흐뭇하게 지켜본 나연이 엄마가 말했어요.

"옛말에 좋은 친구가 없는 사람은 뿌리 깊지 못한 나무와 같다는 말이 있단다. 너희들을 보니까 그 말이 생각나는구나."

영웅이가 물었어요.

"장애인들을 위해 어떤 사회 복지 제도가 생기기를 바라고, 어떤 점이 가장 힘드셨어요?"

"난 아무래도 장애 아이와 비장애 아이를 함께 키우는 부모이다 보니까, 장애 아이의 입장만 이해해 달라고 말할 수가 없단다. 예전에 상윤이와 비장애인들이 함께 어울리는 법을 배웠으면 하는 마음에 같이 공부하게 한 적이 있었어. 그런데 그게 잘못된 생각이었던 것 같아."

"왜요?"

"학교에서는 상윤이를 위해 보조 선생님을 옆에 두도록 해 주셨어. 그런데도 상윤이가 수업을 잘 못 따라가고, 상윤이 때문에 불편한 점들이 생기다 보니까 아이들이 장애를 이해하는 것보다 불편해하는 법을 먼저 배우는 것 같더라고."

아이들은 고개를 끄덕였어요. 그때 초인종 울리는 소리가 났어요. 나연이 엄마가 문을 열며 누군가를 반갑게 맞았어요.

"너희들이 오늘 인터뷰한다고 해서 주민 센터 사회 복지사 선생님께 도움을 청했어."

사회 복지사 선생님이 아이들을 향해 반갑게 인사했어요.

4장 장애 복지 제도란 무엇일까?

우리나라 장애인 복지 실태

2016년 우리나라 장애 인구는 약 267만 명으로 88%는 후천적 원인에 의해 장애를 얻은 것으로 조사됐다고 해요. 3년마다 이루어지는 이 조사에 따르면, 장애 인구는 지난 2014년(273만 명)보다는 6만 명 줄어들었으며, 장애 출현율도 5.39%로 3년 전(5.59%)에 비해 감소했지요. 하지만 재가(집에 머물러 있음) 장애 인구 중 65세 이상 노인 비율은 46.6%로 2014년(43.3%)보다 증가했고, 1인 가구 비율도 26.4%로 3년 전보다 높아졌다는 건 장애 복지가 더 세밀하게 필요하다는 증거이기도 해요.

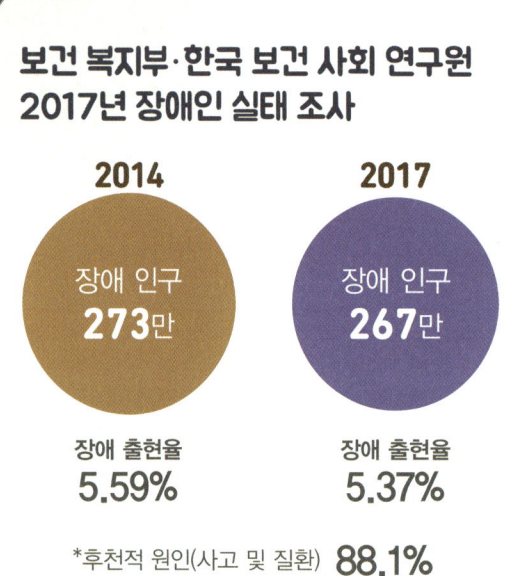

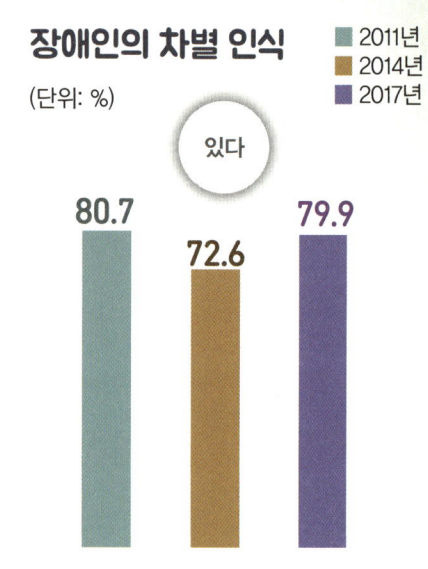

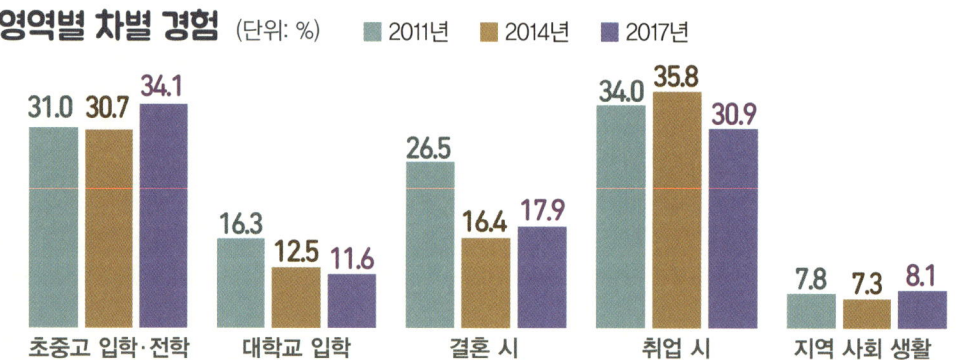

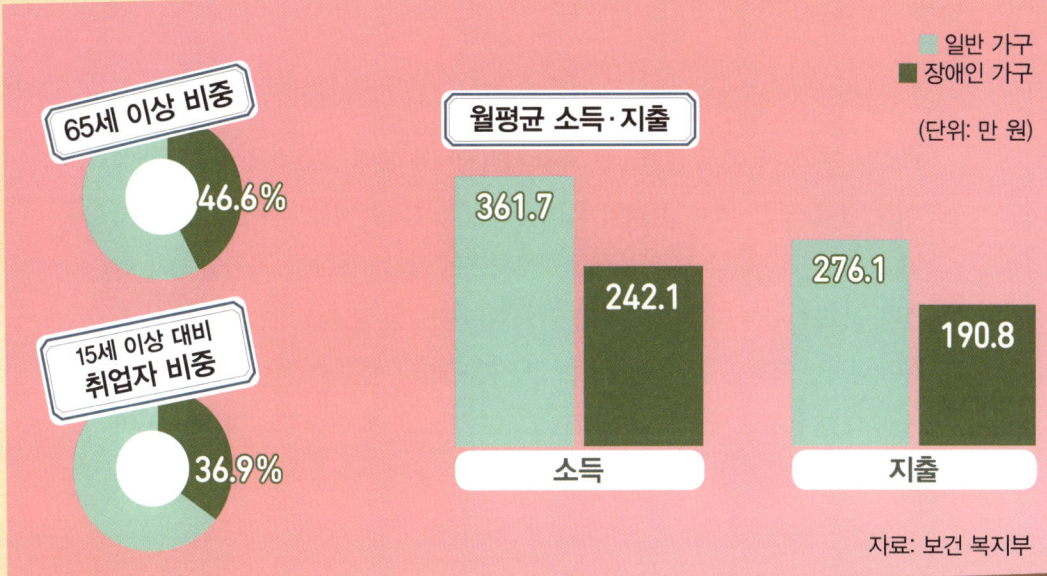

이 조사에 따르면 장애인 82.3%는 지속적으로 의료 및 재활 서비스를 이용하고 있었지만 최근 1년간 병원에 가고 싶을 때 가지 못한 경험이 있는 장애인도 17.2%나 됐어요. 이들이 의료 서비스를 이용하지 못한 이유로는 경제적 이유가 가장 컸으며, 교통편이 불편하다는 것과 함께 갈 동행자가 없다는 것이 그 뒤를 이었지요.

장애인이 겪는 차별은 3년 전보다 악화됐어요. 실태 조사 결과 장애인의 사회 생활 시 차별에 대한 긍정적 평가는 2014년까지 증가하고 있었지만 2017년에는 감소했지요. 특히 지역 사회 생활과 결혼 시 차별 경험이 각각 8.1%, 17.9%로 증가한 것으로 나타났어요.

장애인 가구의 경제 상황은 3년 전보다 개선됐지만, 수입에서 의료비의 비중이 큰 만큼 사회 복지 제도가 왜 필요한지를 알 수 있답니다. 장애인 취업률도 전체 인구 취업률의 절반 수준이고요. 장애인이 차별이나 제한 없이 사회 구성원으로서 살아갈 수 있도록 제도적 보완이 필요해요.

장애인 복지는 어떻게 이뤄져야 할까?

예전에 우리나라에서 장애인은 복지 사각지대에 놓여 있었어요. 비장애인에 비해 경제, 보건·의료, 사회적 측면에서 상대적으로 낮은 처우를 받아 왔지요. 이제는 가족이나 지역을 통해 이루어졌던 장애인 보호와 지원이 경제 발전과 사회 변화에 따라 점차 국가 및 사회의 지원을 필요로 하게 되었답니다. 우리나라는 그동안 경제가 급속히 발전함에 따라 생활 수준이 향상되고, 복지에 대한 욕구도 급격히 높아지고 있어요. 장애인에 대한 관심과 복지 서비스도 점차적으로 증가해 왔으며, 특히 저소득 장애인을 중심으로 복지의 혜택이 증가되어 왔지요.

장애인에게 완전한 자립은 경제적 자립이에요. 장애인들이 훈련을 받아 취업하도록 돕고, 장애인 스스로가 취업에 필요한 부분들을 해 나갈 수 있도록 해 주어야 해요. 장애인이 사회에 나가 혼란을 겪지 않게끔 인간관계 형성과 일에 대한 가치관 등을 교육하고, 장애인들이 원하는 욕구에 맞춘 서비스가 중요해요. 가장 중요한 건 장애인 인권을 위한 사회 서비스가 절실하게 필요한 점이에요. 사회 환경을 변화시켜 장애인도 지역 사회에서 함께 일할 수 있는 관계가 될 수 있도록 애써야 해요.

우리 모두 사회 구성원으로 어울려 살려면 어떤 제도가 마련되어야 할까요?

장애 등급제를 왜 폐지했을까?

신체적 또는 정신적으로 장애를 앓고 있고 확정 판정을 받았다면 장애인 등록 절차를 밟아야 해요. 그래야 여러 가지 정부 지원 제도 및 장애인 혜택을 받을 수 있거든요. 장애 등급은 장애의 심각성에 따라 정해졌어요. 장애인 손상 정도에 따라 1~6급까지 있는데 급수가 낮을수록 더욱 심각한 장애를 앓고 있어 많은 복지 혜택을 받을 수 있었어요. 하지만 2019년 7월부터 중요한 기준이 되어 왔던 장애 등급제가 폐지되었어요. 1~2급의 중증 장애를 가진 장애인에게만 혜택이 몰려 있었거든요. 지체 장애를 앓고 있는 3급 장애인, 일상생활이 힘든 장애인들은 혜택이 적을 수밖에 없었어요. 게다가 장애 등급으로 인해 사회적 편견이 생기는 등 여러 가지 단점들로 인해 폐지되었답니다. 그래서 요즘은 '장애 등급'이 아닌 '장애 정도'라는 표현을 쓴답니다. 또한 일괄적 등급에 따라 혜택을 주었던 예전과 달리 장애인의 욕구와 환경을 고려해 서비스를 지원할 예정이라고 해요.

장애 등급제 폐지 주요 내용

장애인 등록은 유지
- 장애 등급이 아닌, 장애 정도로 판정
- 장애인 복지 서비스 지원을 위한 장애인 등록은 유지

'장애 등급'은 '장애 정도'로 변경
- 장애 등급
  의학적 기준(1~6급)
- 장애 정도
  심한 장애인(1~3급)
  심하지 않은 장애인(4~6급)

초성 퀴즈

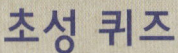

다음 빈칸을 채우며 내용을 다시 한번 복습해 보아요.

ㅈㅇㅇㅂㅈㅂ 에는 시각 장애인용 점자 보도블록이나 장애인 전용 주차 구역 설치 등을 의무화하도록 해 놓았어. 장애인 고용 촉진 및 직업 재활법 등도 있어 장애인의 적성 능력에 적합한 직장을 알아봐 주고 있지.

나연이는 장애를 가진 오빠 상윤이가 혼자 다닐 수 있는 센터가 동네에 생기기를 바라고 있어. 나연이의 소원은 장애인들이 ㅊㅂ 받지 않는 거야.

신체적 또는 정신적으로 장애를 앓고 있고 확정 판정을 받았다면 ㅈㅇㅇㄷㄹㅈㅊ 를 밟아 국가에 자신의 장애 사실을 알리고 여러 가지 정부 지원 제도 및 장애인 혜택을 받을 수 있어.

장애인에게 완전한 자립은 ㄱㅈㅈ 자립이야. 장애인이 사회에 나가 혼란을 겪지 않게끔 인간관계 형성과 일에 대한 가치관 등을 교육하는 게 필요해.

정답 ❶ 장애인 복지법, ❷ 차별, ❸ 장애인 등록 절차, ❹ 경제적

5장 사회 복지와 봉사 활동

다문화 복지 제도란?

'파이브 히어로즈 특공대' 조원들은 이제 과제를 마무리하고 있어요. 편집한 동영상을 함께 보니, 왠지 기분이 뿌듯했어요. 영웅이가 조원들에게 말했어요.

"이번에 이한이가 편집을 많이 도와줬어. 그리고 유미랑 나연이가 보고서를 잘 써 줘서 완벽하게 정리된 것 같아."

"이제 더 이상 인터뷰할 사람 없는 거니까 마무리하자."

나연이의 말에 유미가 주성이를 향해 눈짓을 했어요. 주성이가 아무 말도 못하자 유미가 대신 말했어요.

"얘들아, 주성이가 할 얘기가 있대."

옆에서 아이들이 재촉했어요.

"뭔데?"

주성이가 아이들을 향해 말문을 열었어요.

"마지막으로 다문화 복지에 대해 알아보지 않을래?"

주성이는 이번에 '파이브 히어로즈 특공대' 덕분에 용기가 생겼다며 자기 얘기를 덧붙였어요.

"좋지. 우리가 너희 집으로 가면 되는 거야?"

"우리 집은 안 돼. 아빠나 형이 집에 있을 수도 있어. 아빠는 아파트 경비 일을 하는데 하루 나가고 하루는 안 나가셔. 형은 사춘기라 화를 잘 내거든. 집 말고 내가 다니는 다문화 학교로 함께 가지 않을래?"

"다문화 학교?"

"엄마가 아직 한국말이 서툴러 행정 복지 센터에서 운영하는 다문화 학교에 다니고 있어. 저녁에 도서관 선생님이 다문화 아이들에게 책을 읽어 주고 우리랑 얘기도 나누고 활동하고 있어."

아이들이 주성이를 향해 좋다는 의미로 박수를 쳤어요. 주성이가 용기를 내어 차분하게 말했어요.

"사실 예전 학교에서 놀림을 많이 받았어. 내 피부 색깔도 남들과 달랐고 말할 때도 자신이 없었어. 그래서 친구들하고도 잘 어울리지 못했지. 가끔 내가 어느 나라 사람인가 헷갈릴 때가 있어."

"야, 우린 다르지. 우린 과제하면서 똘똘 뭉쳤잖아. 우리는 파이브 히어로즈 특공대잖아."

이한이의 말에 아이들은 맞장구쳤어요.

"주성아, 앞으로는 걱정하지 마. 우리가 있잖아. 이번 숙제를 통해 서로를 잘 알게 되었잖아? 이렇게 조가 정해진 게 행운이었나 봐."

영웅이의 말에 주성이가 활짝 웃으며 말했어요.

"그래, 나도 너희들을 믿어. 엄마가 너희들 데리고 오면 베트남 음식 해 주신다고 했어."

그때 유미가 한마디 거들었어요.

"주성이 엄마는 지역 아동 센터의 주방 보조 선생님이야. 얼마 전에

파이브 히어로즈 특공대의 복지 상식

✓ 다문화 가족이란?

외국인 노동자, 국제 결혼 이주자, 새터민, 그 밖에 외국인 거주자, 외국인과의 사이에서 태어난 자녀 등으로 구성된 가족을 말해요. 최근 국내 농어촌의 많은 남성들이 더 나은 삶을 찾아 국경을 넘어온 신부를 맞이하여 자녀를 낳아 다문화 가정을 이루고 있어요.

✓ 다문화 학교는 어떤 곳인가요?

지역 행정 복지 센터에 다문화 학교가 다 있는 것은 아니에요. 2000년대에 들어서면서 다문화주의가 본격적으로 논의되기 시작했어요.
외국인 노동자들과 결혼 이주 여성 수가 급격히 증가되었고, 시민 단체 및 종교 단체가 주축이 된 서비스 기관에서 활동하는 사회 복지사가 생겼어요. 이후 다문화 가족 지원 센터 등이 생겨나고 종합 사회 복지관 등에서 북한 이탈 주민들을 위한 정착 지원 사회 적응 및 통합 프로그램을 실시했어요.
다문화 학교에는 자원봉사자들이 많아요. 다문화 가족 나눔 봉사단이 도서관에서 다문화 아이들을 위한 책읽기 봉사를 해 주고 있어요.
의사소통의 불편함, 문화적 갈등, 자녀 교육의 어려움, 사회의 편견과 차별 등의 문제점을 안고 있는 다문화 가족이 사회에 잘 적응할 수 있도록 학교 직원 및 봉사자들이 다양한 정책과 지원 서비스를 하고 있답니다.

만들어 주셨는데 진짜 맛있었어."

다음 날 아이들이 주성이를 따라간 곳은 행정 복지 센터였어요. 다문화 학교는 센터 2층의 작은 강의실을 빌려 쓰고 있었어요. 일주일에 한 번씩 한글을 잘 모르는 엄마들이 와서 한글 교육을 받고 있었어요.

주성이 엄마가 아이들을 기다리며 월남쌈을 준비했어요. 주성이는 엄마를 보고도 반갑게 아는 척하지 못하고 쑥스러워했어요. 유미가 먼저 아는 척했어요.

"선생님, 이 아이들이 우리 조예요."

"어서들 와. 우리 아들 친구들은 처음 보네."

주성이 엄마는 말투가 조금 어눌했지만 아이들을 향해 활짝 웃었어요. 그리고 아이들에게 사회 복지사 선생님을 소개해 주었어요.

봉사 활동은 왜 필요할까?

과제 발표 하루 전날, 한숙자 선생님이 아이들에게 과제를 최종 점검할 시간을 주었어요.

영웅이가 마지막으로 조원들에게 물었어요.

"우리가 지금까지 사회 복지에 대해 알아본 결과 가장 중요한 걸 빠

뜨린 것 같아. 너희도 느꼈니?"

"나도 느꼈어. 사회 복지에서 빠지면 안 되는 두 글자. 사회 복지에서 반드시 필요한 거잖아."

이한이가 주는 힌트에 나연이, 유미, 주성이가 동시에 답했어요.

"봉사!"

"난 할머니 따라서 봉사 활동 많이 다녔어. 어르신들 안마도 해 드리고 말동무 하는 거."

이한이가 할머니와의 추억을 떠올리며 말했어요.

"보육원이나 지역 아동 센터로 봉사자들이 많이 와. 사실 대학생 봉사자들이 오면 1:1 멘토도 해 주고 함께 놀아 줘서 좋긴 한데, 힘든 점도 있어. 계속 오는 게 아니라 정해진 봉사 활동 시간만 채우면 오지 않는 사람들이 많아서 서운할 때가 많아."

유미의 말에 주성이도 거들며 말했어요.

"맞아, 지역 아동 센터나 다문화 학교도 마찬가지야. 사회 복지 관련해서 봉사자들이 오는데, 꾸준히 오시는 분들도 있지만 바뀔 때가 많아. 가끔 정들었던 봉사자가 오지 않으면 보고 싶을 때도 있어."

영웅이가 아이들에게 물었어요.

"그럼 우리부터 봉사에 대해 생각해 볼까? 처음부터 거창하고 그럴싸한 일을 해야 하다고 부담 갖지 말고, 일상생활에서 작은 것부터 말해 보자."

"우리 엄마가 가장 잘하는 건데, 내가 갖고 놀던 장난감이나 옷이나 물건을 필요한 사람에게 나눠 주거나 바자회에 보내기도 해."

이한이가 말했어요.

"난 오빠 생각해서 지하철에서 장애인이 타면 자리를 양보해. 물론

할머니, 할아버지가 타도 당연히 양보하고. 그런 것도 봉사 맞지?"

나연이가 아이들을 향해 물었어요.

"물론이지. 나도 할머니 생각해서 어르신들이 무거운 짐을 들고 있으면 들어 드리거나 계단 오르내릴 때 힘들어하시면 붙잡아 드려."

이한이의 말에 영웅이도 말했어요.

"난 용돈 아껴서 불우 이웃 돕기 성금을 내기도 해."

"난 우리 보육원에 있는 어린 아이들에게 책 읽기 봉사를 해."

유미까지 얘기를 마쳤는데, 주성이가 머리를 긁적이며 물었어요.

"난 그러고 보니 특별한 봉사를 한 경험이 없어."

"네가 왜 없어? 학교에서 장애를 가진 친구 가방을 들어 줬다면서? 그게 바로 봉사야."

"그런가? 하긴, 그때 정민이 가방을 들어 주는 게 진짜 기분 좋은 일이었어."

한숙자 선생님이 '파이브 히어로즈 특공대' 조원들 사이로 와서 말했어요.

"이번에 너희들 조가 가장 열심히 준비했구나. 자원봉사는 이웃을 위한 것이기도 하지만, 너희들 스스로 행복해지기 위한 것이기도 해. 그리고 우리 사회 전체의 행복을 위한 소중한 경험이 되기도 하지. 어떻게 발표를 할지 기대가 되는걸."

'파이브 히어로즈 특공대' 아이들은 한숙자 선생님의 칭찬에 서로를 보며 활짝 웃을 수 있었어요.

수업이 끝나고 이한이가 조원들에게 슬며시 물었어요.

"우리 할머니 말이야. 드디어 이번 주말에 요양 병원에 들어가시기로 했어. 우리 할머니를 직접 인터뷰할 수는 없겠지만, 할머니에게 너희들을 소개시켜 드리고 싶어."

이한이가 할머니 생각에 갑자기 눈물을 터뜨리고 말았어요. 이한이는 이제야 친구들에게 할머니에 대한 이야기를 털어놓을 수 있어 마음이 편했어요.

영웅이가 깜짝 놀라 물었어요.

"진짜? 드디어 할머니를 뵐 수 있는 거야?"

"너희 할머니야말로 사회 복지를 위해 자원봉사도 많이 하시고, 옆에 사시는 외로운 할머니를 위해 애쓰신 분이잖아. 우리 함께 가서 사진도 찍고 안아 드리자."

나연이가 말했어요.

"우리가 가능할지는 모르지만, 요양 병원으로 봉사 활동 가도 좋을 것 같아. 어르신들을 위해 노래도 불러 드리고, 춤도 추고, 안마도 해 드리면 좋잖아. 내가 또 그런 건 잘하거든."

유미가 자신 있게 말했어요.

영웅이가 아이들을 향해 크게 외쳤어요.

"우리만의 자원봉사 동호회를 만들어서 다녀 보자. '파이브 히어로즈 특공대 봉사 동호회' 어때?"

"좋아."

다섯 명의 아이들 모두 크게 웃으며 서로를 향해 박수를 쳤어요.

자원봉사는 어떻게 하나요?

여러분은 봉사 활동을 해 본 경험이 있나요? 혹시 처음이라, 혼자라, 이런저런 이유로 봉사 활동을 망설인 적은 없나요? 우리나라 성인 자원봉사 참여율은 꾸준히 증가하는 추세로, 2018년에는 225만 2287명의 성인이 자원봉사에 참여했다고 해요.

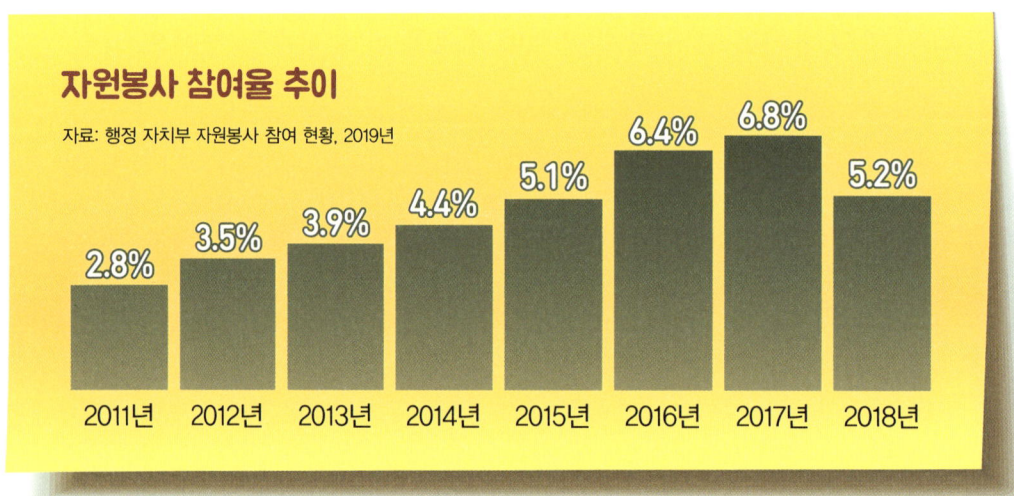

자원봉사 참여율 추이
자료: 행정 자치부 자원봉사 참여 현황, 2019년

연도	참여율
2011년	2.8%
2012년	3.5%
2013년	3.9%
2014년	4.4%
2015년	5.1%
2016년	6.4%
2017년	6.8%
2018년	5.2%

1365 자원봉사 포털에서 자원봉사자 수 추이를 연령대별로 살펴보면, 2018년의 자원봉사자 수 1위는 50대, 2위는 40대, 3위는 60대, 4위는 20대, 5위는 70대 이상, 마지막으로 6위는 30대였어요. 생활의 안정기에 접어들어 주위를 돌아볼 여유가 있는 40, 50대가 가장 많은 봉사 활동을 하고 있다고 해요. 어린이 여러분의 엄마 아빠도 많이 참여하고 있어요. 그러니까 여러분도 가족 단위로 봉사 활동에 참여하면 좀 더 쉽고 의미 있게 할 수 있겠죠?

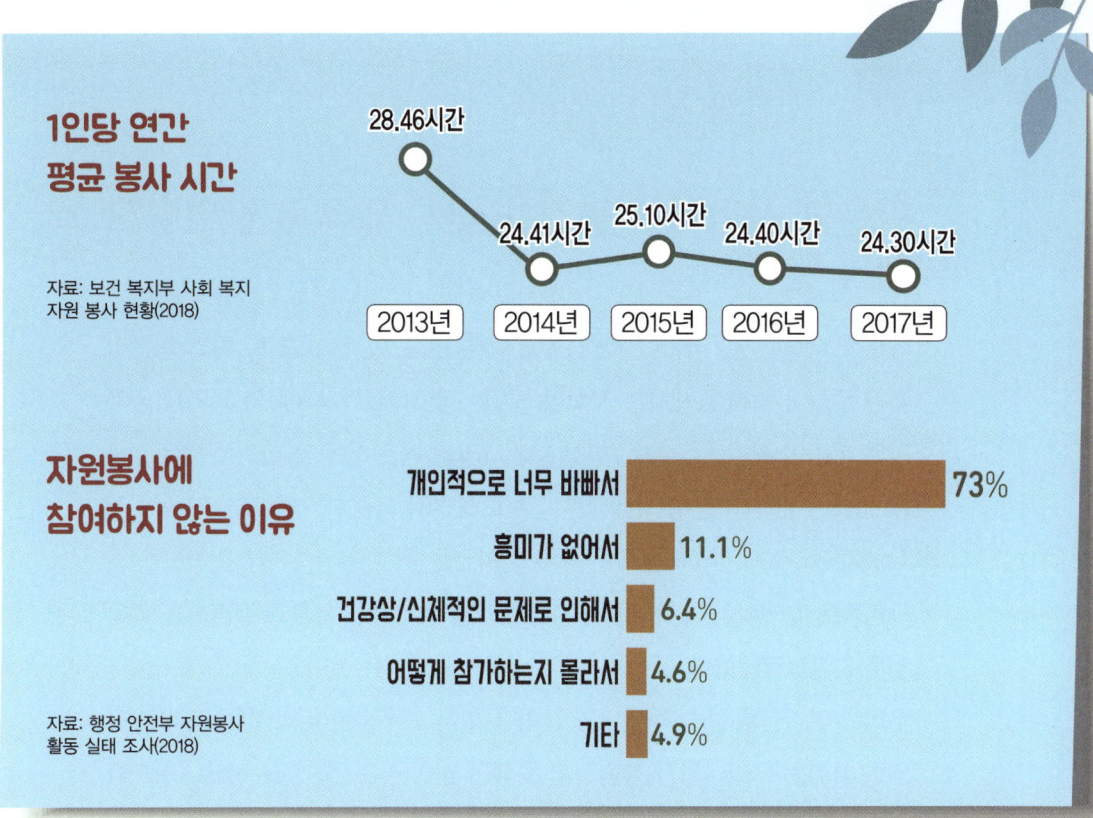

그런데 1인당 연간 평균 봉사 시간은 꾸준히 줄고 있어요. 왜 그럴까요? 자원봉사에 참여하지 않는 이유 1위는 2018년, 2020년 조사에서 모두 '개인적으로 너무 바빠서'라는 답변이었어요. 시간 여유가 없어 자원봉사에 참여하지 않는다고 응답한 사람 중에서는 직장 생활로 바쁜 30대와 40대의 비율이 높았어요.

행정 안전부의 2017, 2020 자원봉사 활동 실태 조사에 따르면 많은 수의 자원봉사자들이 '사회 문제 해결'이 지금 사회에 필요한 이슈라고 응답했어요. 봉사 활동이 문제 해결에 도움이 된다고 생각한 것이지요. 여러분도 관심이 있다면 건강한 사회를 만드는 데 봉사자로 참여하지 않을래요?

1365 자원봉사 포털 www.1365.go.kr

사회 복지 자원봉사 인증 관리 www.vms.or.kr

다문화 사회에서 편견을 갖지 않으려면 어떻게 해야 할까?

다문화 사회란, 한 국가나 사회 속에 다른 인종·민족·계급 등 여러 집단이 지닌 문화가 함께 존재하는 사회를 일컫는 말이에요. 세계화가 되면서 국가 간의 이동이 활발해졌어요. 특히 우리나라는 농촌 인구가 줄어들면서 결혼을 하지 못한 남성들이 국제결혼을 시도하면서 다문화 가정이 늘어나기 시작했지요. 2000년대 이후에는 공부와 사업을 위해 우리나라에 찾아오는 외국인들도 늘어나기 시작하면서 자연스럽게 우리나라 사람과 결혼하는 외국인들도 많아졌답니다.

우리나라는 혈통 중심적인 단일 민족주의 사고가 강한 나라예요. 그래서 다문화 사회는 우리나라가 경험하지 못했던 엄청난 도전이기도 해요. 이를 받아들이지 못하는 사람들은 다문화 가정을 무시하기도 하는데 절대 그러면 안 돼요.

비교적 짧은 시간 안에 다문화 가정의 수가 늘어나면서 언어에 대한 문제가 생기는 건 사실이에요. 외국인 엄마 혹은 아빠가 기초적인 한국어를 습득하지 못한 경우 자녀의 한국어 습득도 늦어질 수 있기 때문이지요. 그러므로 다문화 가정을 위해 가장 선행되어야 할 사회 복지는 바로 언어 문제를 해결하는 것이에요. 다문화 가정에서 한글 교육이나 부모 나라의 언어를 배울 수 있도록 돕는 프로그램을 많이 만들어야 하겠지요. 공공 기관에 다양한 다문화 프로그램을 통해 생활 언어를 익히고 문화를 이해할 수 있도록 체계적이고 단계적으로 한국어 교육을 지원해야 할 거예요. 다문화 가정의 부부, 부모,

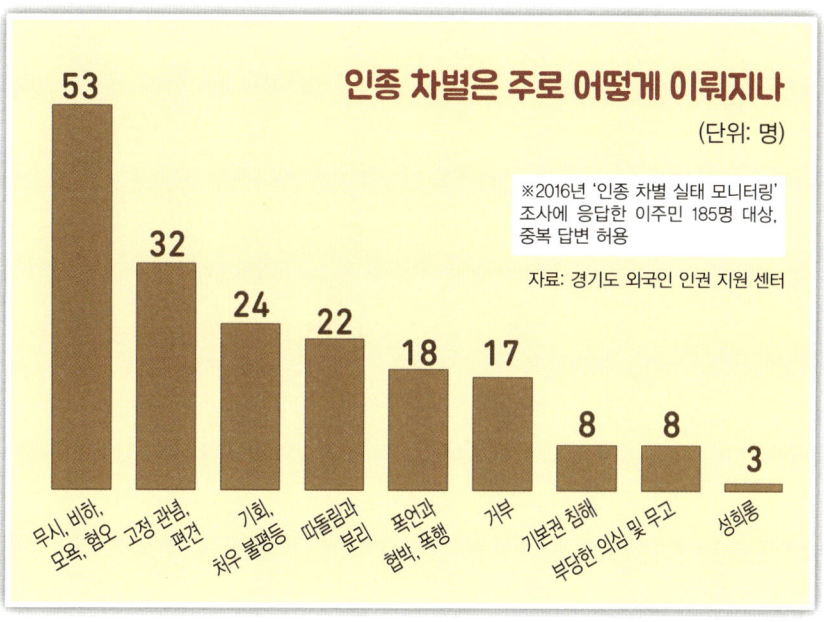

자녀 관계 개선을 도모하고 가족 갈등의 완화 및 가족의 건강성 증진을 위해 상담을 제공하는 것도 필요해요. 그리고 외국인 이주 노동자의 노동 조건을 개선할 필요가 있어요. 기술 발전을 통한 세계화는 자연스러운 것이고, 그로 인해 다양한 문화가 섞이는 것도 당연한 변화이기 때문이에요. 학교에 가면 피부색이 다른 친구를 만나는 일이 이제는 그렇게 낯선 일이 아니에요. 이제는 다른 문화를 가진 사람을 열린 마음으로 받아들여야 할 때랍니다.

주변에 다문화 가정 친구들이 있나요? 평소 그들을 차별 하지는 않았나요? 그 아이들과 친구가 되기 위해서는 어떤 마음가짐이 필요할까요?

숨은 단어 찾기

다음 설명을 읽고 사회 복지 용어를 아래 퍼즐에서 찾아보세요.
가로, 세로, 대각선 등으로 낱말이 숨어 있답니다.

1. 사회 전체의 행복한 삶을 위해 국가에서 만든 제도와 시설.
2. 나라 살림을 운영하기 위해 국민들이 의무적으로 나라에 내는 돈.
3. 바라는 것 없이 도움을 주고 싶은 마음으로 남을 돕는 행동.
4. 가정에서 실질적으로 생계를 책임지고 어렵게 생계를 유지하는 소년 및 소녀. 부모의 사망, 이혼, 가출로 세대가 미성년자로만 구성된 경우.
5. 가난한 가정의 아동, 저소득층 결손 가정의 아동 등을 위한 제도.
6. 학교의 돌봄 교실처럼 학교 밖 아동들을 돌볼 수 있는 곳.
7. 매년 10월 2일, 노인에 대한 공경과 감사한 마음을 새기기 위해 제정한 기념일.
8. 미래에 사고나 재난을 당할 경우를 대비하기 위한 제도.

사	자	터	복	동	아
날	회	원	지	제	도
의	인	복	봉	금	세
지	노	센	지	사	험
역	아	동	센	터	보
정	가	녀	소	년	소

정답: ①사회 복지, ②세금, ③자원봉사, ④소년 소녀 가장, ⑤아동 복지 제도, ⑥지역 아동 센터, ⑦노인의 날, ⑧보험

> 어려운 용어를 파헤치자!

보육원 보호자가 없거나 보호자로부터 버림 받거나, 가정 내에서 보호하기 어려운 아동이나 특별히 보호가 필요하다고 인정되는 아동이 지내는 곳이에요.

사회 복지 국민의 생활 향상과 사회 보장을 위한 사회 정책과 시설을 통틀어 이르는 말. 교육, 문화, 의료, 노동 따위 사회생활의 모든 분야에 관계하는 조직적인 개념으로 국민 기초 생활 보장법, 아동 복지법, 사회 복지 사업법 따위의 법률에 기초를 둡니다.

요양 병원 노인 환자들을 수용하여 장기적인 요양과 치료를 할 수 있도록 시설을 갖추어 놓은 병원.

지역 아동 센터 해당 지역에 거주하는 아동의 복지를 위한 각종 서비스를 제공하는 기관. 주로 지역 사회 내 보호를 필요로 하는 18세 미만의 아동을 대상으로 하지요.

치매 대뇌 신경 세포의 손상 따위로 말미암아 지능, 의지, 기억 따위가 지속적·본질적으로 상실되는 병이에요. 주로 노인에게 나타나지요.

한 부모 가정 부모 중 어느 한쪽만 있는 가정을 말해요.

사회 복지 관련 사이트

복지넷 www.bokji.net
사회 복지 포털 서비스예요. 민간 사회 복지 기관 중 유일한 기타 공공 기관으로서 정부의 사회 복지 사업을 뒷받침하는 조사 연구, 교육 훈련, 사회 복지 조성 등 공공 사회 복지 증진 업무를 효과적으로 수행하고 있어요.

보건 복지부 사회 복지 시설 정보 시스템 www.w4c.go.kr
아동 시설, 노인 시설, 장애인 시설, 부랑인 시설, 정신 요양 시설, 모·부자 시설의 내부 관리 업무 분석과 시설의 종별에 관계없이 모든 생활 시설 및 이용 시설에서 공통으로 사용 가능하도록 하는 시스템이에요.

한국 미혼모 지원 네트워크 www.kumsn.org
미혼모가 아이를 잘 키울 수 있는 여건을 만들기 위한 네트워크예요. 미혼모의 역량을 강화하고 이들의 자립을 돕는 데 기여하는 홍보와 학술 활동 등 각종 지원 사업을 해요.

한국 건강 가정 진흥원 www.kihf.or.kr
여성 가족부 산하 기관으로 한 부모, 다문화, 맞벌이 가족 정책 사업, 지원 센터를 운영하는 곳이에요.

1365 자원봉사 포털 www.1365.go.kr
전국 모든 봉사 공고들 중에서 맞춤형 자원봉사를 검색하고 봉사 실적 관리 및 확인서 발급까지 할 수 있는 사이트예요.

신나는 토론을 위한 맞춤 가이드

파이브 히어로즈 특공대와 함께한 사회 복지 이야기, 어땠나요? 그동안 우리가 몰랐던 장애인과 노인 문제 등에 대해서 많이 배웠을 거예요. 이제 마지막 단계인 토론을 잘하려면 올바른 지식과 다양한 정보가 뒷받침되어야 해요. 책을 다 읽고 친구 또는 부모님과 신나게 토론해 봐요!

잠깐! 토론과 토의는 뭐가 다르지?

토론과 토의는 모두 어떤 문제를 해결하기 위해 의견을 나누는 일입니다. 하지만 주제와 형식이 조금씩 달라요. 토의는 여러 사람의 다양한 의견을 한데 모아 협동하는 일이, 토론은 논리적인 근거로 상대방을 설득하는 일이 중요합니다. 토의는 누군가를 설득하거나 이겨야 하는 것이 아니기 때문에 서로 협력해서 생각의 폭을 넓히고 좋은 결정을 내릴 때 필요해요. 반면 토론은 한 문제를 놓고 찬성과 반대로 나뉘어 서로 대립하는 과정을 거치지요. 넓은 의미에서 토론은 토의까지 포함하는 경우가 많습니다. 토론과 토의 모두 논리적으로 생각 체계를 세우고, 사고력과 창의성을 높이는 데 도움을 준답니다.

토론의 올바른 자세

말하는 사람
1. 자신의 말이 잘 전달되도록 또박또박 말해요.
2. 바닥이나 책상을 보지 말고 앞을 보고 말해요.
3. 상대방이 자신의 주장과 달라도 존중해 주어요.
4. 주어진 시간에만 말을 해요.
5. 할 말을 미리 간단히 적어 두면 좋아요.

듣는 사람
1. 상대방에게 집중하면서 어떤 말을 하는지 열심히 들어요.
2. 비스듬히 앉지 말고 단정한 자세를 해요.
3. 상대방이 말하는 중간에 끼어들지 않아요.
4. 다른 사람과 떠들거나 딴짓을 하지 않아요.
5. 상대방의 말을 적으며 자기 생각과 비교해 봐요.

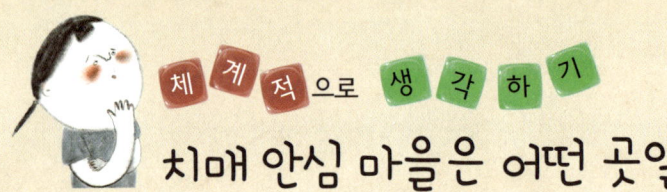

치매 안심 마을은 어떤 곳일까요?

2017년부터 시범 사업으로 실시되고 있는 치매 안심 센터가 전국적으로 빠르게 늘어나고 있다는 흐뭇한 소식이 전해졌습니다. 다음 글을 읽고 여러분의 생각을 정리해 보세요.

정부가 발표한 자료에 따르면 지난 2017년, 65세 이상 노인 인구가 전체 인구의 13.8%를 차지하고 있으며 오는 2030년에는 24.5%, 2050년에는 38.1%로 예상된다고 한다. 인구 고령화는 치매 환자 증가로 연결된다는 점에서 향후 우리 사회가 마주하게 될 고통이 상당할 것으로 여겨진다. 이에 대비하고자 시행된 치매 국가 책임제는 치매 환자와 가족들의 부담을 경감시키는 가운데 치매 친화적 환경을 조성하는 데 그 중점을 두고 있다. 사회가 그 어려움을 함께 나누기 위해서는 치매에 대한 부정적 이미지를 완화시키고 사회적 공감대를 형성할 필요가 있기 때문이다.

보다 적극적으로 치매 친화적 환경을 조성하기 위한 방법으로 치매 안심 마을이 세워지고 있기도 하다. 조금은 생소하게 들릴 수도 있는 치매 안심 마을은 치매 환자와 가족들이 안전하게 일상생활을 할 수 있도록 마을 공동체가 적극적으로 동참하는 사회 안전망 구축 사업이다.

대표적으로 양평군의 경우 지난 2018년에 치매 안심 마을 제1호를 지정한 데 이어 2019년에 제2호와 제3호를 지정 및 운영해 오고 있고, 일일이 열거할 수 없을 만큼 전국의 많은 지역들이 지난해에 치매 안심 마을을 선포했다.

치매 안심 마을의 운영 현황을 보면 대체로 치매 고위험군 어르신의 거주 비율이 높은 곳으로 지정되고 있다. 지정된 마을은 무료 치매 검진 서비스, 치매 예방 프로그램, 치매 돌봄 기능 등을 제공받으며 치매 친환경적인 마을로 조성될 수 있도록 지속적으로 관리된다.

자료: 대한민국 정책 브리핑

1. 치매 안심 마을이란 어떤 곳인지 글에서 찾아 써 보세요.

2. 치매 안심 마을에서는 어떤 프로그램들이 운영되고 있나요?

논리적으로 말하기 1
결손 가정 아이들과 같은 학교에 다니는 것을 왜 싫어할까요?

결손 가정 아이들은 사회 복지 차원에서 더 배려하고 도와줘야 하는데, 왜 어떤 어른들은 자기 아이와 함께 학교 다니는 걸 반대할까요? 다음 글을 읽고 여러분의 생각을 말해 보세요.

어느 지역의 C 아파트 입주 예정 일부 학부모들이 곧 개교하는 A 초등학교에 주변 H 보육원생들이 배정되자 민원을 제기했어요. 자신들의 자녀를 결손 가정 아이들과 함께 학교에 다니게 할 수 없다는 것이 이유였지요.

인터넷 포털 사이트에 관련 카페를 개설해서 가입한 입주 예정자들에게 보육원생들이 전학하지 못하도록 분위기도 조성했다고 해요. 입주 예정자들에게 '보육원생 전학 거부' 문자 메시지도 보내기도 했고요. 지역에서 가장 비싼 아파트에 입주하는데 자녀들이 결함 있는 아이들과 같은 교실에서 공부하면 나쁜 물이 들 거라고 우려를 표시했어요. 집값이 떨어질까 봐 이러지도 저러지도 못하는 학부모도 있었고요.

이런 민원이 지역 교육청에도 접수됐어요. 일부 아파트 주민들이 전화를 걸어서 항의를 한 거예요. 어떻게 문제 있는 아이들과 같은 학교로 학구 조정을 했냐는 것이지요.

그동안 H 보육원 원생들은 보육원에서 3㎞ 정도 떨어진 초등학교에 다니고 있었어요. 그런데 A 초등학교로 옮기게 되면 통학 길이가 절반으로 줄어들지요. 보육원 출신이라고 해서 질병이 있거나 인성에 문제가 있는 것도 아닌데, 어른들은 왜 이렇게 반대하는 걸까요?

교육청은 일부 주민들의 반대에도 원칙대로 학구 조정을 했어요. H 보육원 학생들은 좀 더 편하고 빠른 길로 학교를 다닐 수 있게 되었답니다.

1. 보육원 아이들 입학 문제가 사람들 사이에서 왜 논란이 되었나요?

2. 내가 다니는 학교에 보육원생들이 배정되거나 또는 우리 동네에 보육원이 새롭게 지어진다면 여러분은 어떨지 토론해 보아요.

찬성
보육원생이 우리 학교에 다니거나 우리 동네에 보육원이 생겨도 된다.

반대
보육원생이 우리 학교에 다니면 안 된다. 우리 동네에 보육원이 생기면 안 된다.

논리적으로 말하기 2
지역 사회에서 어떤 봉사 활동을 할 수 있을까요?

2020년, '코로나19'라는 무시무시한 바이러스가 유행해 우리의 일상생활을 크게 바꾸었죠. 코로나19로 인해 자원봉사 활동에도 많은 변화가 있었답니다. 다음 글을 읽고 질문에 답해 보세요.

2020년 한 해 동안 자원봉사 활동에 참여한 국민이 크게 늘었다고 해요. 10명 중 1명은 온라인·비대면으로 참여했으며, 10명 중 8명은 향후 비대면 자원봉사 활동에 참여할 의향이 있다고 했지요.

행정 안전부가 ㈔한국 자원 봉사 문화에 의뢰한 '2020 자원봉사 활동 실태 조사 및 자원봉사 활동 기본법 개정 연구' 보고서에 따르면 2020년 한 해 동안 자원봉사 활동 참여율은 33.9%였어요. 2017년의 21.4%에 비해 12.5%포인트 높은 수치지요.

그러나 자원봉사 활동에 모두 만족한 것은 아니에요. 봉사 활동을 당연시 여기는 풍조에다 개인 적성·경험과 무관한 업무 배치와 활동 비용 부담으로 인해 4명 중 1명이 봉사를 관두려고 했대요.

중단하고 싶었던 이유(복수 응답)로는 '자신의 자원봉사 활동을 당연시 여기는 풍조'(18.2%)를 1순위로 꼽았어요. '쾌적하지 않은 물리적 환경'(14.8%), '부적합한 업무 배치'(14.3%), '활동 경비 부담'(12.5%), '개인적으로 도움 안 돼'(10.8%) 등이 뒤를 이었지요. 활동 과정에서 성적 수치심·인격 모욕을 느낀 적이 있다는 비율도 2.1%나 됐어요.

보고서에 따르면, "자원봉사 활동이 개인화·소그룹화되면서 조직이나 단체를 통한 프로그램 참여보다는 스스로 프로그램을 만들어 활동하고자 하는 흐름이 코로나19 이후 점점 증가하고 있다."며 "특히 온라인·비대면 활동 니즈를 충족하기 위해서는 온라인 영역 콘텐츠 개발 등과 같은 적합한 환경 조성이 선행돼야 한다."고 밝혔어요.

1. 기사에 따르면 자원봉사를 관두려고 했던 이유는 무엇이었나요?

2. 보고서에 따르면 앞으로 어떤 봉사활동이 개발되어야 한다고 얘기하고 있나요?

3. 어린이 여러분이 건강한 복지 사회를 만들어 나가는 데 참여할 수 있는 봉사 활동에는 무엇이 있는지 인터넷 검색 등을 통해서 찾아보세요.

꼭 필요한 사회 복지 제도를 생각해 볼까요?

이미 실행되고 있는 사회 복지 제도 외에 어떤 것들이 더 필요할지 친구들과 함께 생각해 봅시다. 현재 실행되는 제도에서 좀 더 세밀하게 구성해 보아요.

필요한 제도:

대상:

이유:

필요한 제도:

대상:

이유:

예시 답안

치매 안심 마을은 어떤 곳일까요?
1. 치매 안심 마을은 치매 환자와 가족들이 안전하게 일상생활을 할 수 있도록 마을 공동체가 적극적으로 동참하는 사회 안전망 구축 사업이다.
2. 무료 치매 검진 서비스, 치매 예방 프로그램, 치매 돌봄 기능 등을 제공한다. 또한 치매에 대한 부정적 이미지를 완화시키고 사회적 공감대를 형성하기 위해 치매 안심 센터에서 지속적으로 캠페인을 벌이고, 치매 극복의 날을 정해 관련 프로그램이나 행사를 개최하기도 한다.

결손 가정 아이들과 같은 학교에 다니는 것을 왜 싫어할까요?
1. 초등학교에 주변 H 보육원생들이 배정되자 자녀를 "결손 가정 아이들과 같은 학교에 보낼 수 없다."며 학구 재조정을 요구하는 민원을 제기했다. 색안경을 쓰고 보는 일부 어른들의 반발로 보육원 아이들에게 상처가 되는 문제가 발생했다.
2. **찬성**: 더불어 사는 사회에서 거리가 가까운 아이들이라면 근처 학교에 다닐 수 있는 의무가 있고, 누구도 막을 수 있는 권리는 없기 때문이다.

   반대: 비싼 아파트를 구입한 건 쾌적하고 안전한 생활을 보장받기 위해서인데, 혹시 결손 가정 아이들 때문에 학교 분위기가 흐려질 수 있다.

지역 사회에서 어떤 봉사 활동을 할 수 있을까요?
1. 봉사 활동을 당연시 여기는 풍조와 쾌적하지 않은 물리적 환경, 개인 적성·경험과 무관한 업무 배치, 활동 비용의 부담, 개인적으로 도움이 안 되는 활동 내용 등이 이유였다.
2. 앞으로 코로나19와 같은 바이러스가 또 닥쳐올 수 있으므로, 온라인·비대면 활동 니즈를 충족하기 위해서 온라인 영역 콘텐츠 개발 등과 같은 적합한 환경 조성이 선행돼야 한다고 주장하고 있다.
3. 1365 자원봉사 포털에서 자신이 참여할 수 있는 봉사 활동을 검색해 본다. 이때 봉사 점수를 부여할 수 있는 수요처를 찾아 자신의 관심도와 적성 등에 맞는 봉사 활동을 하는 것이 좋다.

수학이 쉬워지고, 명작보다 재미있는
뭉치 수학왕
전 40권

"**인공지능(AI) 시대의 힘은 수학에서 나온다!**"

정가 480,000원

개념 수학 〈1단계〉① 양치기 소년은 연산을 못한대(수와 연산) ② 견우와 직녀가 분수 때문에 싸웠대(수와 연산) ③ 헨젤과 그레텔은 도형이 너무 어려워(도형) ④ 쉿! 신데렐라는 시계를 못 본대(측정) ⑤ 알쏭달쏭 알라딘은 단위가 헷갈려(측정) ⑥ 떡장수 할머니와 호랑이는 구구단을 몰라(규칙성) ⑦ 아기 염소는 경우의 수로 늑대를 이겼어(자료와 가능성) ⑧ 개념 수학 1단계-백점맞는 수학 문장제 〈2단계〉⑨ 가우스, 동화 나라의 사라진 0을 찾아라(수와 연산) ⑩ 가우스는 소수 대결로 마녀들을 물리쳤어(수와 연산) ⑪ 앨런, 분수와 소수로 악당 히들러를 쫓아내려수와 연산) ⑫ 오일러와 피노키오는 도형을 대회 1등을 했어(도형) ⑬ 오일러, 오즈의 입체도형 마법사를 찾아라(도형) ⑭ 유클리드, 플라톤의 진리를 찾아 도형 왕국을 구하라(도형) ⑮ 아르키는 어림하기로 걸리버 아저씨를 구했어(측정) ⑯ 페르마, 수리수리 규칙을 찾아라(규칙성) ⑰ 피보나치, 수를 배열해 비밀의 방을 탈출하라(규칙성) ⑱ 파스칼은 통계 정리로 나쁜 왕을 혼내줬어(자료와 가능성) ⑲ 개념 수학 2단계-백점맞는 수학 문장제 〈3단계〉⑳ 약수와 배수로 유령 선장을 이긴 15소년(수와 연산) ㉑ 입체도형으로 수학왕이 된 앨리스(도형) ㉒ 원주율로 떠나는 오디세우스의 수학 모험(측정) ㉓ 비례배분으로 보물섬을 발견한 해적 실버(규칙성) ㉔ 로미오와 줄리엣이 첫눈에 반할 확률은?(자료와 가능성) ㉕ 개념 수학 3단계-백점맞는 수학 문장제

융합 수학 ㉖ 쌍둥이 건물 속 대칭축을 찾아라(건축) ㉗ 열차와 배에서 배수와 약수를 찾아라(교통) ㉘ 스포츠 속 황금 각도를 찾아라(스포츠) ㉙ 옷과 음식에도 단위의 비밀이 있다고?(음식과 패션) ㉚ 꽃잎의 개수에 담긴 수열의 비밀(자연)

창의 수학 ㉛ 퍼즐탐정 셜록홈즈1-외계인 스콜피오스의 음모 ㉜ 퍼즐탐정 셜록홈즈2-315일간의 우주여행 ㉝ 퍼즐탐정 셜록홈즈3-뒤죽박죽 백설공주 구출 작전 ㉞ 퍼즐탐정 셜록홈즈4-'지지리 마란드러'의 방학숙제 대작전 ㉟ 퍼즐탐정 셜록홈즈5-수학자 '더하기를 모네'와 한판 승부 ㊱ 퍼즐탐정 셜록홈즈6-설국언차 기관사 '얼어도 달리능기라' ㊲ 퍼즐탐정 셜록홈즈7-해설 및 정답

개념 사전 ㊳ 수학 개념 사전 1(수와 연산) ㊴ 수학 개념 사전 2(도형) ㊵ 수학개념사전 3(측정/규칙성/자료와 가능성)